Les règles coutumières au Gabon

Parenté, mariage, succession

Collection « Études africaines »
dirigée par Denis Pryen et son équipe

Forte de plus de mille titres publiés à ce jour, la collection « Études africaines » fait peau neuve. Elle présentera toujours les essais généraux qui ont fait son succès, mais se déclinera désormais également par séries thématiques : droit, économie, politique, sociologie, etc.

Dernières parutions

AMOUZOU (Esse), *L'Afrique noire face à l'impératif de la réduction des naissances*, 2016
BRACK (Estelle), *Les mutations du secteur bancaire et financier africain*, 2016
RIDDE (Valéry), KOUANDA (Seni), KOBIANE (Jean-François) (éds.), *Pratiques et méthodes d'évaluation en Afrique*, 2016
NKERE (Ntanda Nkingi), *Clitorisation de la fille Mushi : antithèse de la Mutilation, Génitale Féminine*, 2016
UWIZEYMANA (Emeline), *Quand les inégalités de genre modèrent les effets du micro-crédit*, 2016.
MANKOU (Brice Arsène), ESSONO (Thomas), *L'impact des TIC dans les processus migratoires féminins en Afrique Centrale, Cas des cybermigrantes maritales du Cameroun*, 2016.
BUKASSA (Ambroise V), *Congo Kinshasa, Quand la corruption dirige la République*, 2016.
EKANZA (Simon-Pierre), *Mako, administrateur français en Côte d'Ivoire (1908-1939), Un commandant à un poste colonial, au cœur des transformations économiques et sociales*, 2016.
WAIS (Ilyas Said), *L'ambivalente libéralisation du droit du travail en République de Djibouti*, 2016.
KABAMBA MBIKAY (André) (dir.), *Prospective pour une paix durable en RDC – Horizon 2050*, 2016.
KWILU LANDUNDU (Hubert), *Sociologie de la santé au Congo-Kinshasa*, 2016.
KAMTO (Maurice), DOUMBE-BILLE (Stéphane), METOU (Brusil Mirand) (dir.), *Regards sur le droit public en Afrique*, 2016.
ROCHE (Christian), *La Casamance face à son destin*, 2016.
IBIKOUNLÉ (Salami Yacoubou), *Politiques d'éducation / formation et coopération internationale décentralisée au Bénin*, 2016.

Faviola TAPOYO

Les règles coutumières au Gabon

Parenté, mariage, succession

© L'Harmattan, 2016
5-7, rue de l'Ecole-Polytechnique, 75005 Paris

http://www.harmattan.fr
diffusion.harmattan@wanadoo.fr

ISBN : 978-2-343-08621-7
EAN : 9782343086217

Remerciements

Ce travail n'aurait jamais vu le jour si les personnes citées ci-après ne m'avaient pas apporté, chacune de manière différente, son soutien. Je souhaite qu'elles trouvent par ces quelques mots mes profonds sentiments de reconnaissance.

Merci à mon directeur, Gaetano Ciarcia, Professeur d'ethnologie à l'université Paul-Valéry Montpellier III, pour ses conseils et ses remarques qui m'ont permis de corriger ce travail après la soutenance en vue d'une publication.

Je tiens à remercier du fond du cœur ma mère et mon père pour leur amour et pour le mieux qu'ils ont pu et su faire. Un grand merci à Philippe pour son investissement et pour avoir cru en moi. Merci également à Alex pour ses conseils et son partage de l'épistémologie anthropologique.

Un merci particulier aussi à tous mes interlocuteurs, pour leur disponibilité et leurs informations sans lesquelles aucune construction scientifique n'aurait été possible.

Enfin, je demande à tous ceux qui ont œuvré, parents, amis et enseignants ; par des conseils, des orientations ou autres, afin que ce travail soit objectif, de trouver ici mes remerciements pour leur contribution.

SOMMAIRE

I - Introduction 11
   1 - Contexte et pratiques de terrain 14
   2 - Problématique et hypothèses 18
   3 - Définition des concepts 21

II - Approche et débat théorique 27

III - Présentation de la population 45
   1 - Histoire de la migration 46
   2 - Situation géographique 49
   3 - Aspects sociaux et politiques 56

IV - Règles coutumières de parenté 75
   1 - L'histoire de la filiation 76
   2 - Les règles de filiation 81
   3 - Terminologie parentale 90

V - Règles coutumières de mariage ou d'alliance 95
   1 - Les règles de conduite matrimoniales 95
   2 - Les règles du mariage coutumier 96
   3 - Le protocole du mariage coutumier 104

VI - Les règles coutumières de succession 117
   1 - Les règles s'appliquant à la mort 121
   2 - La succession 121

VII – Conclusion 127

Annexes 131
   Guides et interprètes 135
   Orientations et conseils 136
   Sources orales 137
Bibliographie 139

I - Introduction

Pour comprendre une société et l'aider à mieux vivre son quotidien, il est nécessaire de chercher les réponses dans sa manière de penser, de voir et de concevoir le monde. Le Gabon en particulier a été mon terrain d'investigation durant plus de six mois ; investigations et rédaction comprise, au cours de janvier à septembre 2013 auprès d'une communauté bien spécifique : les Mpongwè à Libreville, capitale du Gabon. J'ai donc pendant cette période eu des échanges avec des membres de la communauté qui connaissent la coutume : des *Okambi* [1] ; des chefs de famille ; des chefs de clan ; des chefs coutumiers et des notables. J'ai également participé et assisté à des cérémonies qui m'ont permis de saisir la vie sociale et culturelle de cette communauté, et particulièrement les règles qui la régissent dans la parenté, le mariage et la succession des biens.

Au plan méthodologique, l'ouvrage de Jean Copans [2] m'a orientée en tant que base par les multiples conseils et moyens qu'il renferme pour mettre en place et réaliser la réussite d'un bon terrain et partant d'un bon travail d'écriture. Même si l'auteur reconnaît que « le terrain serait avant tout un état d'esprit, un feeling, un genre de vie, donc une capacité plus ou moins innée à les assumer. Bref, le terrain, ne pouvant s'apprendre, ne pourrait être enseigné [3] ». Je reste néanmoins persuadée qu'une connaissance sur les enquêtes ou des travaux menés et la

---

[1] *Okambi* en Mpongwè signifie celui qui sait parler devant l'assemblée lors des évènements heureux ou malheureux : naissance, mariage, décès, litiges etc. C'est également quelqu'un qui maîtrise les codes de sa coutume, qui a l'art et la répartie en publique. Aujourd'hui, nous pouvons le retrouver dans la figure moderne d'un avocat.
[2] Jean Copans, *L'enquête et ses méthodes : l'enquête ethnologique de terrain*, Armand Colin, 2008.
[3] *Ibid.*, p.12.

manière dont ils ont été menés reste un avantage pour tous jeunes chercheurs surtout lors de ses premières investigations de terrain.

Mon regard s'est porté particulièrement sur les *Okambi* ; les chefs de famille ; les chefs de clans ; les chefs coutumiers et les notables, car ces catégories de personnes sont reconnues par les membres de la communauté comme étant des « personnes ressources » en ce qui concerne la pratique et la connaissance de la chose coutumière ; des « *passeurs de mémoires* » au sens de Gaetano Ciarcia[4].

Au préalable, je me suis renseignée auprès de certains membres de la communauté afin d'obtenir des rendez-vous avec ces personnes dites « ressources ». J'ai ainsi eu le contact de l'une d'entre elles qui a mis en place le réseau qui s'est établi plus tard. En effet, j'ai essayé à chaque entretien ou cérémonie d'en ressortir avec une autre adresse ou une autre piste me permettant de poursuivre l'enquête ; mais cela ne se produisait pas dans tous les cas. Il est important de signaler que l'accueil réservé par mes interlocuteurs sachant que j'avais été recommandée par leur confrère n'était pas le même que celui sans recommandation. Lorsque j'étais recommandée, les interlocuteurs se sentaient en confiance et acceptaient le dialogue facilement en me donnant aisément beaucoup plus d'informations. Par contre j'ai plutôt eu des échanges brefs avec des personnes chez qui je n'avais pas été recommandée. Dans ces cas particuliers, les entretiens ne furent pas très productifs tant les interlocuteurs restaient méfiants et pas du tout ouverts à la discussion et à l'échange. Je me suis donc sans problème pliée à cette exigence de passer par un intermédiaire, car cela facilitait

---

[4] Gaetano Ciarcia (dir), *Ethnologues et passeurs de mémoires*, Karthala, 2011.

le contact et l'harmonie dans les échanges avec les interlocuteurs.

Voyant certains de mes rendez-vous renvoyés, et d'autres même annulés pour des raisons dépendant de mes interlocuteurs, cela fut une grande inquiétude pour moi, car étant conditionnée par une marge de temps. Ma crainte fut celle de ne pas pouvoir faire le maximum d'entretiens en vue d'un travail fiable et satisfaisant. Fort heureusement ces complications furent les difficultés de début de terrain et s'améliorèrent par la suite. Cette situation ne fut pas décourageante pour moi ; au contraire, je continuais à m'investir à la recherche de nouveaux contacts. Je suis ainsi parvenue à maximiser mes corpus de terrain. Avec la plupart des informateurs, mes premières rencontres ne furent pas toujours celles de l'entretien, même si par téléphone il y eut un bref aperçu de la question à traiter, il fallait leur laisser le temps de bien se préparer, de « remettre » leurs idées en place et surtout convenir d'un planning en dehors de leurs occupations respectives.

Comme il est de coutume dans les usages gabonais, après avoir reçu les conseils ou le savoir des sages, il est convenable, conseillé pour celui ou celle qui reçoit et honorable pour celui qui donne ; pour le premier d'offrir un présent et pour le second d'en recevoir. J'ai plus ou moins respecté cet usage symbolique qui résulte d'un échange mutuellement consenti par les deux parties. C'est ainsi alors que mes entretiens se terminaient par la remise d'un présent à mon interlocuteur. Cet échange mutuel me valut parfois d'autres invitations, afin de compléter les informations sur l'objet de mon étude.

J'établis alors certains codes bien précis à respecter pour envisager une meilleure collecte de données. Cela m'a menée à réaliser le fait concret qu'exprimait Jean

Copans [5], lorsqu'il reconnaît qu'« il y a donc un apprentissage et une adaptation à ces contraintes locales : périodes de l'année, emploi du temps journalier et quotidien (diurne et nocturne), occupations plutôt masculines ou féminines, activités publiques ou privées, secrètes, interdites, ou autorisées. Bref, l'ethnologue doit s'adapter à plusieurs niveaux de temporalité, de sociabilité et se débrouiller pour les maîtriser progressivement. La première de ces obligations étant le respect des hiérarchies et des valeurs locales, de l'étiquette sociale et sexuelle[6] ». Une bonne enquête exige du chercheur qu'il se fonde et se conforme aux réalités présentes dans l'environnement de son terrain.

1 – Contexte et pratiques de terrain

Les jours et les heures pendant lesquels je n'avais pas convenu d'un rendez-vous, je m'attelais plutôt à la recherche documentaire locale, en plus de celle que j'avais déjà menée dans les bibliothèques de l'Université Paul-Valéry Montpellier III en France. Je me suis rendue, tout d'abord à la fondation André Raponda Walker[7], où je me suis procurée quelques d'ouvrages qui traitent de manière exclusive, périphérique ou en rapport avec l'objet de ma recherche. Pour avoir un accès plus large à la fondation, je fis une inscription qui me donnait le droit de consulter des documents qui n'aient pas disponibles à la vente. Par la suite, j'ai été au CICIBA (Centre International de

---

[5] Jean Copans, *L'enquête et ses méthodes : l'enquête ethnologique de terrain*, Armand Colin, 2008.
[6] *Ibid.*, p. 24-25.
[7] Fondation et aussi maison d'édition, elle porte en effet le nom d'un homme prestigieux qui a participé et participe encore à titre posthume à faire connaître le savoir, la connaissance et culture gabonaise.

Civilisation Bantou) et au Musée National du Gabon pour compléter ma recherche documentaire. Enfin je suis allée à l'UOB (Université Omar Bongo) pour consulter la bibliothèque du département de droit, où j'ai fait une collecte de littérature grise (mémoires) pouvant m'aider à enrichir mon travail.

    Le travail de recherche étant prenant intellectuellement, physiquement je m'oubliais presque. Entre autres, tiraillée de gauche à droite entre la recherche documentaire et les rendez-vous pour les entretiens, je n'avais souvent pas le temps de bien me restaurer et bien me reposer, et ce pendant plusieurs semaines. Ce déséquilibre dans mon alimentation et le manque de repos m'ont bien valu une hospitalisation. Assise devant mon ordinateur en train de transcrire les corpus, je m'effondrais soudain. Je fus transportée à l'hôpital où j'eus droit à la totale : oxygénation du cerveau ; perfusion ; remontants ; etc. Au sortir de là, je réalisais l'importance de mettre une certaine distance entre soi, et le travail quel qu'il soit. À trop m'investir j'ai fini par oublier de manger et de bien me reposer, or de ma santé dépendait la réalisation objective de ce travail. C'est étant allongée sur le lit d'hôpital que je réalisais tout cela. Le chercheur ne doit pas se laisser complètement aliéné par son objet de recherche car si ce dernier n'est pas en bonne condition de santé et en aptitude de mener son terrain correctement, et bien, il n'y aura aucun résultat positif et objectif.

    Ainsi mes échanges avec les interlocuteurs furent très riches et variés. Les entretiens se déroulaient en français et en langue Myènè [8], Mpongwè quand cela s'avérait

---

[8] Pour plus d'informations au sujet des langues du Gabon, lire André Raponda Walker, *Notes d'Histoire du Gabon*, Libreville, Raponda Walker, 2008 ; ou Daniel Franck Idiata, Anges François Ratanga Atoz et Jean-Marie Hombert, *Atlas des langues et peuples du Gabon*, Libreville, CENAREST, 2012.

nécessaire ou indispensable. Munie d'un dictaphone, j'ai enregistré 90 % de mes entretiens. De plus, à part la prise de notes qui était indispensable durant toutes les enquêtes, j'ai photographié toutes les informations dont il était difficile d'en rendre compte par écrit, et où seule l'image permettait une meilleure compréhension de la situation sociale en présence. « L'image est donc un complément, un palliatif ou un prolongement des perceptions de l'œil humain et du processus d'observation[9] ».

J'ai participé à des cérémonies qui mettaient en évidence certaines règles coutumières. Notons que, faisant le terrain dans mon pays et particulièrement dans l'une de mes communautés d'appartenance ; en me présentant et donnant mon nom, certains de mes interlocuteurs mettaient tout de suite en place une filiation clanique, lignagère ou d'alliance. Cela facilitait aussi l'intégration et l'installation d'une atmosphère de confiance entre ces derniers et moi. De plus, les enregistrements audio et, ou vidéo m'ont fait relever une confrontation entre les informations données par les interlocuteurs pendant nos échanges et, ceux que je pouvais noter pendant les transcriptions. J'ai donc pu observer des faits qui n'avaient pas été mentionnés lors des communications dans les images, et en retirer des données manquantes à la construction objective et explicite du travail. Je m'attelais ainsi à mettre en pratique les consignes de Jean Copans[10] qui pense que « l'observation implique peut-être la participation, c'est-à-dire la présence, mais encore faut-il qu'elle soit techniquement et socialement permise et possible. (...) L'observation sera donc participante parce qu'elle sous-tend la participation à la vie sociale,

---

[9] Jean Copans, *L'enquête et ses méthodes : l'enquête ethnologique de terrain*, Armand Colin, 2008, p. 81.
[10] *Ibid.*

culturelle, rituelle telle qu'elle est (...) pour tout simplement observer, écouter et comprendre[11] ».

Par ailleurs, il est important de souligner que le Gabon est un pays qui compte plus d'une quarantaine de langues[12] ou de parlers qui constituent plus ou moins des communautés. Mon choix s'est porté sur les Mpongwè pour une meilleure faisabilité de terrain car leur rencontre ne nécessitait pas d'énormes investissements financiers puisqu'ils vivent et sont autochtones de la capitale du Gabon : Libreville où je réside également étant au Gabon. Durant mon parcours à l'Université Omar Bongo de Libreville (Licence I - Master I), j'ai souvent mené en groupe ou individuellement des recherches auprès des diverses communautés présentes à Libreville. Il faut noter qu'à la capitale aujourd'hui, nous retrouvons dans sa population toutes les communautés du Gabon représentées. Ces investigations et recherches préalables m'ont servie, de vision panoramique et surtout m'ont éclairée. Ce fut pour moi une sorte de pré-enquête me préparant aux éventuelles conditions que j'ai vécues sur mon terrain. J'ai durant mon cursus à l'université (UOB) pris l'habitude des enquêtes, des méthodes d'approche auprès des populations et surtout réalisé la patience, la disponibilité, et le coût financier que nécessite une recherche.

Ma recherche s'est articulée autour des règles coutumières[13] dans trois domaines bien distincts : parenté, mariage, et succession. Il faudra considérer que, hormis les références théoriques, les explications, les analyses et

---

[11] *Ibid.*, p. 34.
[12] À ce sujet lire, André Raponda Walker, *Les langues du Gabon*, Libreville, Raponda Walker, 1998.
[13] L'adjectif coutumier (es) qui fait référence à l'habitude n'entrave en rien le fait que ces règles ont pu subir une quelconque dynamique au sens de George Balandier.

les commentaires qui seront apportés dans ce travail, les bases essentielles ont été recueillies auprès de ceux qui sont sensés connaître la chose coutumière et maîtriser la tradition orale Mpongwè. Il s'agira d'une ethnographie, d'un exposé rendu fidèlement par rapport aux données transmises par mes interlocuteurs sur le terrain, vis-à-vis des questions fondamentales de savoir : existe-t-il des règles qui régissent les Mpongwè hormis celles du droit moderne ? Quelles sont-elles en matière de parenté, mariage, et succession ? Sur quoi reposent-elles ? Et pourquoi sont-elles toujours appliquées malgré l'existence du droit moderne ?

Je vais poursuivre en orientant les lecteurs sur le problème qui se pose en rapport à l'objet de mon étude et les hypothétiques réponses apportées. Par la suite, je présente la définition des concepts qui va rendre explicites le contenant et la suite de cet exposé. Ensuite, un débat entre théories s'impose, afin de circonscrire le cadre de cette recherche. Je ferai par la suite une présentation de la communauté Mpongwè ; pour finir par le compte rendu de mon investigation : présentation des règles, qu'appliquent les Mpongwè du Gabon dans la parenté, mariage et la succession ; les fondements qui régissent ces dernières et les raisons de leur application visant ainsi une réponse à la problématique posée par cette recherche.

2 - Problématique et hypothèses

Aujourd'hui, la société gabonaise est régie par un droit moderne. Mais il faut souligner et noter qu'à côté de cela, les communautés qui la composent se plient également à d'autres exigences ; d'autres conventions et modèles de conduite ; d'autres commandements. En effet, certaines réalités de la vie sociale telles que la parenté, les mariages ou encore les questions de succession font appel à d'autres modes de fonctionnement et de gouvernance qui n'ont rien à voir avec les lois ou le droit de l'État. Il y aurait donc deux régisseurs pour une même réalité sociale en présence. Ces communautés appliquent les règles de leurs mœurs même si le droit ou les lois de l'État ont déjà été ou non appliquées. Les communautés conjuguent elles-mêmes, temps bien que mal avec ces deux régisseurs. La problématique étant que les lois sont légitimes et connues de tous dans la société particulièrement dans les administrations ; et les règles coutumières limitent leur légitimation au cadre familial, devant le clan, ou la communauté. C'est une réalité qui pose parfois des limites aux deux parties régisseuses quant à leur impact et leur application dans la résolution de certains problèmes qui se posent au quotidien dans la société notamment en terme de parenté, mariage ou succession de bien.

Cette recherche soulève alors le problème de la méconnaissance de ces règles coutumières endogènes par le droit moderne ; de leur non-classification et de la nonexistence d'un répertoire de ces règles. C'est donc ici le souci d'un manque de transcription de ces règles coutumières qui régissent les coutumes hormis le droit moderne qui se pose. Dès lors le besoin de connaître ces règles et de savoir leurs origines s'impose au droit moderne. Fondamentalement, la question centrale que pose cette recherche est celle de la légitimation, de la légalisation des règles coutumières des communautés dans certains domaines par les lois gabonaises. Ce constat laisse bien entrevoir qu'il existe une discordance entre les règles coutumières et les règles appliquées dans la législation, en particulier pour ce qui concerne cette modeste contribution dans la parenté, le mariage et la succession des biens chez les Mpongwè. Quelles sont alors les règles qu'applique cette communauté dans ces trois domaines ? Quelles sont les logiques qui les soutiennent ? Et pourquoi le droit, qui n'est censé être ignoré de personne, n'est-il pas le seul régisseur de la communauté Mpongwè ?

Ce questionnement nous laisse supposer que la communauté Mpongwè au Gabon est régie par des règles coutumières dans la parenté, le mariage et la succession. Ce sont des règles qui lui viennent ses ancêtres, qui font partie de sa culture, de ses mœurs, de son identité, de sa vision ; ce qui confère ainsi à ces règles une légitimité incontestable. Dans cette perspective, considérons très volontiers les entendements de Rousseau[14] à propos des lois, reconnaissant bien en effet que : « (…) la plus importante de toutes ; qui ne se grave ni sur le marbre ni sur l'airain, mais dans les cœurs des citoyens ; qui fait la véritable constitution de l'État ; qui prend tous les jours de nouvelles forces ; qui, lorsque les autres lois vieillissent ou s'éteignent, les ranime ou les supplée, conserve un peuple dans l'esprit de son institution, et substitue insensiblement la force de l'habitude à celle de l'autorité. Je parle des mœurs, des coutumes, et surtout de l'opinion ; partie inconnue à nos politiques, mais de laquelle dépend le succès de toutes les autres : partie dont le grand Législateur s'occupe en secret, tandis qu'il paraît se borner à des règlements particuliers qui ne sont que le cintre de la voûte, dont les mœurs, plus lentes à naître, forment enfin l'inébranlable Clef[15] ».

Pour ainsi dire, le droit appliqué par l'État gabonais ne possède pas en lui seul le monopole des décisions en termes de parenté, mariage et succession, car il ne renferme pas en lui seul les valeurs, les mœurs et les coutumes des communautés. Les protagonistes ne retrouvent pas dans sa composition les seules valeurs

---

[14] Rousseau, *Du contrat Social*, Paris, Flammarion, 2012.
[15] *Ibid.*, p. 90.

auxquelles ils doivent se soumettre. Ainsi, la communauté Mpongwè applique en plus du droit moderne ses règles coutumières. Les membres de la communauté doivent, eux-mêmes par un jeu d'équilibre faire l'arbitrage devant des situations de parenté telles que concevoir la parenté lorsque deux individus n'étant pas mariés font un enfant ; de mariage telles que donner des droits à deux personnes étant mariées soit à la coutume mais pas à « l'État » ou vice versa ; ou encore de succession telles que transmettre des biens en l'absence d'un testament. Ils font ainsi intervenir soit l'un ou l'autre des deux régisseurs en fonction du problème, du contexte, et de l'avantage que cela peut représenter pour l'une ou l'autre des personnes concernées. Les membres de la communauté fonctionnent ici, dans un système ambivalent, naviguant ainsi entre le mode coutumier et/ou moderne.

3 - Définition des concepts

Dans cet exposé, il est question de la communauté Mpongwè et de ses règles coutumières. Il est donc important de situer le lecteur par rapport aux concepts de communauté et de règles coutumières. La communauté renvoie d'après le dictionnaire [16] à « un groupe de personnes vivant ensemble et poursuivant des buts communs[17] ». Pour Maurice Godelier[18], les communautés seraient « constituées chacune par et autour d'une ou de plusieurs identités particulières[19] ». D'autre part, Michel

---

[16] Dictionnaire, *Le petit Larousse Illustré*, 2005.
[17] *Ibid.*, p. 270.
[18] Maurice Godelier, *Au fondement des sociétés humaines*, Albin Michel, 2007.
[19] *Ibid.*, p. 36.

Alliot[20] considère que la communauté « c'est le partage d'un espace, d'une vie quotidienne, de jeux, de nourriture, le partage d'ancêtres communs, celui d'une langue commune (dans ses mots et son idéologie), d'une volonté commune, une soumission à un même système de force divine ou de pouvoirs humains, voire le partage des mêmes guerres[21] ».

Aussi, pour plus d'éclaircissement, l'énoncé de Maurice Godelier [22] quant à sa distinction d'une « communauté » et d'une « société » peut nous aider à cadrer notre entendement sur ce concept dans cet exposé. En effet, il considère qu'« il est essentiel de ne pas confondre ces deux concepts ni les réalités sociales et historiques distinctes auxquelles ils renvoient. Un exemple suffira pour montrer clairement cette différence. Les Juifs de la diaspora qui vivent à Londres, à New York, à Paris ou Amsterdam forment des communautés au sein de ces différentes sociétés et Etats, la Grande-Bretagne, les États-Unis, la France, les Pays-Bas, etc. Elles coexistent avec d'autres communautés, turques, pakistanaises, etc. qui ont chacune leurs propres façons de vivre, leurs traditions… Pour donner un autre exemple, dans la plupart des métropoles du monde existent des Chinatown où les Chinois continuent à parler leur langue, à suivre leur calendrier de fête et à ouvrir des restaurants. Ils forment des communautés mais ne constituent pas une société[23] ».

Comprenons donc par déduction, par rapport à ce qui précède que la communauté reste moins étendue ou moins importante en nombre d'individus qu'une société. Les communautés seront pour ainsi dire des composantes qui

---

[20] Michel Alliot, *Le droit et le service public au miroir de l'anthropologie*, Paris, Karthala, 2003.
[21] *Ibid.*, p. 73.
[22] Maurice Godelier, *Communauté, Société*, Culture, CNRS, 2009.
[23] *Ibid.*, pp. 39-40.

forment une société. Dans ce travail nous allons considérer la communauté comme étant un ensemble, un groupe de personnes se réclamant d'une langue commune, appartenant à un espace commun, se rattachant à une histoire commune, ayant des croyances et des pratiques communes qui leur confèrent une identité particulière, la distinguant d'autres groupements de personnes. Dans cette perspective, les définitions qui précèdent intègrent bien chacune à sa manière l'idée du concept que nous souhaitons soutenir ici.

Le mot règle quant à lui a plusieurs significations selon le dictionnaire [24], celle qui va nous intéresser sera l'orientation selon laquelle c'est une : « prescription qui s'impose à quelqu'un dans un cas donné ; principe de conduite, loi[25] ». Il sera question de voir dans cet ordre d'idées, une règle comme toute attitude, tout comportement et toute pratique qu'il convient d'adopter ou de faire suivant une situation ; ces dernières étant toutes recommandées et admises par la communauté. Ce sont des obligations, des devoirs et des conventions communément courantes qui dictent les normes à suivre dans un environnement de vie social.

Pour ce qui est de l'adjectif « coutumière » qui renvoie à une coutume ; c'est « l'habitude, traits propres aux mœurs d'un groupe, d'un peuple (…) Ensemble de dispositions sociales cohérentes et transmises par la tradition[26] ». Aussi, pour Étienne Le Roy[27], la coutume est

---

[24] Dictionnaire, *Le petit Larousse illustré*, 2005.
[25] *Ibid.*, p. 913.
[26] *Ibid.*, p. 308.
[27] Étienne Le Roy, « L'esprit de la coutume et l'idéologie de la loi. (Contribution à une rupture épistémologique dans la naissance du droit africain à partir d'exemples sénégalais contemporains) », in *La Connaissance du Droit en Afrique*, Bruxelles, ARSOM, 1983, p. 227,

« l'ensemble des manières de faire, considérées comme indispensables à la reproduction des relations sociales et à la survie des groupes, lorsque ces groupes ne font pas appel à une instance extérieure ou supérieure (tels Dieu ou l'État) pour les régler[28] ». Il faudra noter tout au long de l'exposé que l'adjectif coutumier(e) exprime toute attitude répétitive et persistante transmise de génération en génération permettant la gouvernance et assurant la cohésion sociale de la communauté.

Ce sont les pratiques des grands-parents, des aïeux, des ancêtres, du lignage, du clan, de la communauté, voire même de la société ou d'un pays. Dans une perspective visant la compréhension ainsi que l'entendement du concept coutume en Afrique, Lévy-Bruhl[29] déclarait que « chez les Bantous (…) contre ce mot magique, tous les arguments sont sans force. « Que diraient les esprits de nos ancêtres si nous rompions avec nos coutumes ? Leur colère pour nous punir rendrait stériles nos femmes et nos champs »[30] ». Cette vision de la coutume nous permet de comprendre son importance au sein des groupes et de réaliser qu'elle transcende l'individu pour atteindre le groupe ; ceux qui y ont fait partie un jour, et aussi ceux en quoi et en qui les individus croient sans forcément voir.

Dans le même ordre d'idée, Camille Kuyu[31] y apporte une illustration très intéressante à noter ; pour elle, « dans les sociétés régies par la coutume, l'autorité juridique y est détenue par les ancêtres. La coutume consiste ici à faire

---

cité par Camille Kuyu, *Parenté et famille dans les cultures africaines*, Paris, Karthala, 2005.
[28] *Ibid.*, p. 79.
[29] Lucien Lévy-Bruhl, *La mentalité primitive*, Paris Flammarion, 2010.
[30] *Ibid.*, p. 562.
[31] Camille Kuyu, *Parenté et famille dans les cultures africaines*, Paris, Karthala, 2005.

comme les ancêtres ont fait »[32]. Nous pouvons ainsi comprendre que la coutume fonde sa légitimité sur le fait qu'elle viendrait des ancêtres, qui ne pourraient pour ainsi dire être contestés ou remis en cause.

Cette réalité Philippe Laburthe-Tolra et Jean Pierre Warnier[33] l'expliquent de manière suivante : « l'homme ne fait qu'un avec le groupe social. Celui-ci inclut les ancêtres, d'où leur culte. Devenus demi-dieux, les aïeux demeurent les vrais chefs de la société : ils interviennent pour punir ceux qui transgressent le code laissé par eux et protéger ceux qui restent fidèles aux coutumes. Leur force et leur autorité viennent de là : elles émanent moins du chef vivant lui-même que de la tradition sur laquelle il a mission de veiller[34] ».

Les individus en venant au monde trouvent des institutions déjà bien établies, ils sont socialisés dans un environnement qui conditionne leurs agissements et leur manière de penser et de concevoir la société dans laquelle ils vivent. Les règles coutumières sont acquises lors du processus de socialisation par les institutions telles que *la famille, les rites, les croyances, les coutumes, les traditions, les mœurs, la religion, l'école, le mariage,* voire même *le travail, etc.* Ce sont autant d'institutions qui façonnent les personnes à travers leurs règles.

De plus à cet effet, Bronislaw Malinowski[35] soulignait que, « si l'on considère la somme totale des règles, des conventions, des modèles de conduite comme formant un corps coutumier, il est incontestable que les indigènes éprouvent un profond respect pour chacune d'elles, qu'ils

---
[32] *Ibid.*, p. 82.
[33] Philippe Laburthe-Tolra et Jean-Pierre Warnier, *Ethnologie Anthropologie*, Paris, Quadrige/ PUF, 1993.
[34] *Ibid.*, p. 200.
[35] Bronislaw Malinowski, *Trois essais sur la vie sociale des primitifs*, Paris, Payot, 1933.

ont tendance à faire ce que font les autres, ce qui est approuvé par chacun et, lorsqu'ils ne sont pas attirés dans une autre direction par leurs appétits ou leurs intérêts, ils suivront les commandements de la coutume plus facilement et plus volontiers que toute autre impulsion. La force de l'habitude, le respect des commandements traditionnels, le désir de satisfaire l'opinion publique et l'attachement sentimental à la tradition, tout concourt à stimuler l'obéissance à la coutume[36] ».

En somme il faudra entendre et inclure, lorsque nous parlerons de règles coutumières Mpongwè, toutes les pratiques habituelles répétitives qui régissent la communauté, qui ont été prescrites et laissées par les ancêtres, mais également acquises dans leur environnement immédiat, entendons par là ; l'influence de l'histoire, du métissage, de l'ouverture aux autres communautés et sociétés, des échanges, etc. C'est une construction multidimensionnelle.

---

[36] *Ibid.*, p. 48.

II - Approche et débat théorique

L'anthropologie juridique est le cadre théorique dans lequel s'inscrit ce travail. Elle « vise ambitieusement à une compréhension globale de l'ensemble des systèmes juridiques, traditionnels et modernes[37] ».

« Les premiers anthropologues du droit postulent que toutes les sociétés sont soumises à des lois d'évolution plus ou moins rigides, qui conduisent de la sauvagerie à la civilisation : on passerait ainsi de l'oral à l'écrit, de la famille large à la famille nucléaire, de la propriété collective à la propriété privée, du statut au contrat, etc. Le premier auteur de cette lignée est un homme prestigieux, Sir H. Sumner-Maine (1822-1888). Professeur de droit à Cambridge, Oxford et Londres, il est passionné par la culture indienne (…) En 1861, il publie un ouvrage qui le rend célèbre, *L'Ancien Droit*. On est à cette époque fasciné par les Indo-Européens[38] ».

Pour les questions africaines, c'est le laboratoire d'anthropologie juridique de Paris qui se chargera de porter leur message très haut, en prenant comme terrain les pays qui ont constitué L'A.O.F[39] et L'A.E.F[40] avant la colonisation. C'est ainsi que, « Henri Lévy Bruhl, Jean Poirier et Michel Alliot à Paris, Antony Allott, à Londres, enseignent l'ethnologie juridique et le Droit coutumier africain (…) le laboratoire d'anthropologie juridique de Paris est fondé en 1965[41] ». Pour l'époque c'est osé et

---

[37] Norbert Rouland, *L'anthropologie juridique*, Paris, PUF, 1990, p. 45.
[38] Norbert Rouland, *Aux confins du droit*, Odile Jacob, 1991, p. 61.
[39] Afrique Occidentale Française.
[40] Afrique Équatoriale Française.
[41] Michel Alliot, *Le droit et le service public au miroir de l'anthropologie*, Paris, Karthala, 2003. p. 280.

louable de prendre un pari dont les résultats étaient dans une couche épaisse de nuages qui rendait la visibilité de l'avenir tel un mirage quand on décide d'appliquer « des démarches qui privilégient le rapport au terrain, les langues africaines et la pensée juridique des Africains[42] ».

Pour Norbert Rouland[43], il y a lieu de distinguer l'ethnologie juridique de l'anthropologie juridique, en effet pour lui, « l'ethnologie juridique étudie les Droits des sociétés lointaines. L'anthropologie juridique s'en distingue : elle n'est pas une histoire des institutions exotiques, ni du Droit colonial (…) L'anthropologie juridique situe ses analyses à un niveau plus général. Tout en tenant compte de la diversité des Droits traditionnels, elle les distingue des Droits modernes, marqués par la croissance étatique et la valorisation du développement économique. Cette distinction ne se confond toutefois pas avec une exclusion mutuelle : des passerelles existent[44] ». Ici nous devons comprendre que notre analyse se penche sur les résultantes du passé et des échanges entre les coutumes qui font aujourd'hui le droit coutumier chez les Mpongwè. Les sociétés dites traditionnelles ne vivent pas recluses sur elles-mêmes ; leurs coutumes se mêlent à d'autres ; à la modernité et vice versa. La communauté Mpongwè à travers le temps a changé ; elle est comme bien d'autres en mouvement perpétuel de construction, de déconstruction, et de reconstruction.

Les sociétés africaines après la colonisation connaissent des difficultés notamment sur le plan juridique. Pour le Gabon qui nous intéresse particulièrement, bien des auteurs nous ont précédée sur cet objet, notamment : les

---

[42] Étienne Le Roy, « Le laboratoire d'anthropologie juridique de Paris, hier, aujourd'hui, demain, pp.151-164 », in *Cahiers d'Anthropologie du droit, H.S.*, Paris, Karthala, 2004, p. 149.
[43] Norbert Rouland, *L'anthropologie juridique*, Paris, PUF, 1990.
[44] Ibid., p. 45.

administrateurs de colonie tels que G. Le Testu, « Les coutumes indigènes de la circonscription de la Nyanga », in *Bulletins des recherches congolaises*, n° 11, 1930, pp. 33-91 [45] » ; ou encore Montespan, « Étude sur le mariage dans la circonscription des Adoumas », in *Bulletins des recherches congolaises*, n° 12, 1930, pp. 46-65[46] ». Ils ont des visions très particulières de la justice indigène, ce qui est compréhensible pour les intérêts des uns et des autres à cette époque.

En effet, « la doctrine Testu-Montespan, est très réservée et affiche un pessimisme certain quant à la possibilité d'un Droit unique et sans apport extérieur[47] ». La réalité de ce point de vue n'est pas négligeable. Le besoin d'unité en terme juridique semble laisser à penser qu'à cette époque déjà il y avait une nécessité de faire des concessions dans la constitution du Droit. La crainte face à un unique Droit n'était pas tant son caractère unique, mais plutôt, les résultantes du consensus entre le Droit coutumier et le Droit colonial. En effet, c'est un compromis qui ouvrait sur la possibilité de voir des règles coutumières ou des lois mises de côté, resurgir sous quelque forme que ce soit et montrer leur persistance. Aussi, nous ne devons pas nier l'existence d'une double pensée juridique chez les Africains, particulièrement chez les Gabonais et précisément dans la communauté qui fait l'objet de notre étude. Cette dernière fonctionne sous une double socialisation juridique (Droit basé sur le code français et le Droit issu des règles coutumières endogènes) qui régit les individus de la communauté au quotidien. Cette pensée juridique se présente ainsi sous deux pôles

---

[45] Cité par Dominique Etoughe, *Justice indigène et essor de droit coutumier au Gabon*, L'Harmattan, 2007, p. 151.
[46] *Ibid.*
[47] Dominique Etoughe, *Justice indigène et essor de droit coutumier au Gabon*, L'Harmattan, 2007, p. 152.

qui mettent en évidence l'aspect biculturel dans lequel baignent la société gabonaise et les communautés en son sein.

La connaissance et la transcription des règles coutumières offre une ouverture, une avancée permettant une éventuelle codification, pour passer de l'orale à l'écrit. C'est un corpus de données qui donne ainsi la possibilité au législateur de s'y intéresser et de pouvoir l'exploiter. Soulignons au passage que la société gabonaise a hérité de par l'histoire du code français, or les règles coutumières reposent sur des bases très différentes de celles de ce code ou Droit moderne. Quand les premières se basent sur les croyances, les rites, les mythes, l'ancestralité, les coutumes, les mœurs, etc. ; les secondes n'évoquent que la raison et la rationalité pour légitimité. Étienne Le Roy[48] l'évoque et nous le démontre bien, pour lui, « le Code civil dit Code Napoléon, son matériau est, selon un adage bien connu, l'expression de la raison écrite et il accède de ce fait, et par une sorte de grâce, à l'universel[49] ». Or, les sociétés africaines sont régies par des règles qui possèdent une multitude d'essences dans les manières de gérer les différents aspects du social ; « et ce qui fait l'originalité de chacune d'elles réside plutôt dans sa façon de résoudre les problèmes, de mettre en perspective des valeurs, qui sont approximativement les mêmes pour tous les hommes[50] ».

Aussi, ne l'oublions pas, ces règles coutumières renferment en leur sein un héritage laissé par la colonisation ; par l'influence des autres communautés et sociétés, ainsi que par ses propres valeurs culturelles

---

[48] Étienne Le Roy, *Les Africains et l'institution de la justice : Entre mimétisme et métissage*, Dalloz, 2004.
[49] *Ibid.*, p. 5.
[50] Claude Lévi-Straus, *Race et histoire*, Folio/Essais, 1987, p. 50.

endogènes persistantes. Si la doctrine Testu-Montespan[51] était timide vis-à-vis d'une unification du Droit moderne et des règles coutumières, les communautés ou les sociétés dites traditionnelles n'envisagent pas leurs existences sans les différentes mœurs et valeurs qui les animent. « Les traits caractéristiques du droit des sociétés primitives résultent d'un choix différent (…), de leur souci de préserver la personnalité propre de chaque groupe et donc la diversité des groupes contre les forces qui tendent à l'uniformité[52] ». La diversité des cultures revendiquée consciemment ou inconsciemment par les individus est au fondement de la nature humaine, elle est fonction du besoin qu'a l'homme de distinguer et de se distinguer dans l'environnement dans lequel il vit.

De plus, Léon Mba entre 1924 et 1931 étant juge conciliateur, assesseur titulaire au tribunal indigène de premier degré de Libreville au Gabon[53], puis maire de Libreville en 1956, vice-président en 1957 et enfin président de la République en 1961[54] avait produit un travail fondamental sur cet objet, *Essai de droit coutumier Pahouin*[55], dans lequel il se donne comme objectif de « faire une étude sur les us et coutumes des Fang ou Pahouin (…), mettre en lumière de nombreux traits, faire saisir sur le vif la coutume pahouine, instruire ceux qui veulent et faire gagner, plus tard, le droit indigène en

---

[51] Dominique Etoughe, *Justice indigène et essor de droit coutumier au Gabon*, L'Harmattan, 2007, p. 152.
[52] Michel Alliot, *Le droit et le service public au miroir de l'anthropologie*, Paris, Karthala, 2003, p. 200.
[53] Léon Mba, « Essai de droit coutumier Pahouin », in *Société des recherches congolaises*, Brazzaville, 1938, p. 6.
[54] Pour une connaissance plus détaillée, lire Dominique Etoughe, « La justice indigène au Gabon : 1839-1938, pp. 29-46 », in *Justice indigène et essor de droit coutumier au Gabon*, L'Harmattan, 2007.
[55] Léon Mba, « Essai de droit coutumier Pahouin », in *Société des recherches congolaises*, Brazzaville, 1938.

unité[56] ». Léon Mba loin d'être pessimiste comme ses prédécesseurs penchés sur l'unité du droit, il était plutôt confiant dans la codification à part entière des règles coutumières des communautés. En effet, il faisait déjà le Constat suivant à cette époque : « Libreville est aujourd'hui habitée par des tribus diverses : Pongoué, Oroungou, Galoua, N'komi, Eshira, Apindji, Loango, Mayumba, Setté-Cama, Boulai, Yahoundé, Pahouins, etc., venues de l'intérieur du Gabon, et d'autres (Sénégalais, Dahoméens, Lagossiens, etc.), venues de l'extérieur[57] ».

Cette diversité de communauté déjà présente avant la colonisation n'est pas pour lui un obstacle car il en décèle un avantage qui peut jouer en sa faveur : « les coutumes de diverses races noires ne varient que très peu, surtout lorsqu'elles commencent à se marier entre elles[58] ». Pour lui, le droit coutumier se voyait gagner en harmonie par une certaine homogénéité des droits coutumiers de ces communautés. Ici, la question de la diversité n'est donc pas à craindre, puisque les traits distinctifs qui caractérisent les différentes communautés sont infimes et ne devraient pas poser problème ou être une difficulté majeure au projet d'unité. Dans cette optique, un répertoire de règles coutumières des différentes communautés peut être rédigé par classification et catégorisation et soumis aux hommes de loi. Toutefois, le travail de transcription de ces règles de l'oral à l'écrit constitue en lui-même un préambule indispensable pour le projet d'unification du Droit moderne et des règles coutumières. En effet, gagner en unité construite et surtout écrite serait un immense support culturel très riche sur la base duquel il serait ensuite plus facile d'envisager une quelconque union au droit moderne. Ces règles ainsi mises

---

[56] *Ibid.*, pp. 5-7.
[57] *Ibid.*, p. 7.
[58] *Ibid.*, p. 6

ensemble vont représenter l'ensemble du consensus des communautés, donc une base solide de réflexion pour les législateurs.

Léon Mba en considérant la différence existant entre les communautés très insignifiantes, prétendait que les infimes distinctions qui existent entre elles n'empêchent pas leur existence en un support collectif et homogène. Il nous explique que les communautés appliquent chacune leurs règles de vie légèrement différentes surtout par le fait des alliances, sans que cela entrave l'harmonie sociale des autres groupes. Les principes communs de base y sont respectés pour un mieux vivre ensemble. Elle est certes vraie, la thèse que soutenait Jean Poirier en reconnaissant dans les années 1960 que « quand on parle de droit africain (...), on devrait employer le pluriel[59] ». « Un coutumier par ethnie : voilà ce que nous devrions essayer de réaliser[60] ». Mais plus de soixante ans plus tard, les mœurs ont bien changé, au point de devenir de plus en plus proches entre elles par les faits des emprunts, des ajustements ponctuels ou des alliances.

La réalité sociale parle d'elle-même, les règles coutumières pourtant orales restent d'actualité dans un monde toujours plus ouvert, sans pour autant même si emprunt il y a, qu'elles ne s'effacent ou disparaissent complètement. Les sociétés dites traditionnelles se transforment et interagissent avec le monde qui les entoure en s'adaptant à ses exigences. Ainsi, ces sociétés gagneraient à ce que, les hommes de terrain : anthropologues, sociologues, historiens, etc., récoltent les savoirs humains de l'oralité auprès des connaisseurs de la tradition, de la coutume, et de la culture, et les mettent à

---

[59] Jean Poirier, *Études de Droit Africain et de Droit Malgache*, Paris, Cujas, 1965, p. 1.
[60] *Ibid.*, p. 3.

disposition des législateurs pour qu'ils en fassent ressortir les nombreux codes qui gouvernent ces groupes.

Un peu plus tard par la suite, Pierre Louis Agondjo Okawe, peu après l'indépendance du Gabon, « lorsqu'en 1967, il soutient sa thèse de Doctorat d'État en droit intitulé « *Structures parentales et développement au Gabon : les Nkomi* » [61] », nous fait découvrir un exemple de règles parentales parmi tant d'autres. Ce travail servira à appuyer les thèses du laboratoire d'anthropologie juridique de Paris dont il fut l'un des membres fondateurs. En effet, pour louer ce travail, Joseph John-Nambo [62] répond par cette question rhétorique : « combien de fois n'ai-je pas entendu au cours de nombreuses conférences et colloques auxquels j'ai eu l'occasion de participer, dans le cadre du laboratoire d'Anthropologie Juridique, les différents orateurs se référer aux travaux de Pierre Louis Agondjo Okawe ?[63] ». C'est donc là, une des preuves de l'importante place du droit coutumier pour les chercheurs Gabonais et étrangers.

Les mœurs africaines, de la colonisation à nos jours, continuent à imposer significativement leur originalité dans certains domaines face aux autres cultures notamment la culture occidentale. Pendant la période coloniale, Michel Alliot [64] spécialiste du Droit africain présentait en effet cette persistance en mettant en évidence qu'« il y eut un partage entre le droit moderne et le droit traditionnel africain : les institutions concernant l'État, l'administration, l'économie nouvelle relevèrent du

---

[61] Joseph John-Nambo, « In mémorian Pierre Louis Agondjo Okawe p. 165-.170 » in *Cahiers d'anthropologie du droit H. S.*, p. 167.
[62] *Ibid.*
[63] *Ibid.*, p. 167.
[64] Michel Alliot, « Les résistances traditionnelles au droit moderne dans les États d'Afrique francophone et à Madagascar, pp. 235-256 », in *Études de Droit Africain et de Droit Malgache*, Paris, Cujas, 1965.

premier ; mais les règles traditionnelles continuèrent à s'imposer pour la parenté, le mariage, les successions, le régime des terres, surtout dans les campagnes [65] (…) Quatre États au moins ont préféré s'en remettre au serment du type traditionnel. La loi camerounaise n° 58-203 du 26 décembre 1958 a précisé que le serment de type moderne pourrait « être suivi des rites et formes non contraires à l'ordre public en usage dans la région ou dans la coutume de celui qui le prête ». Le Gabon, la République Centrafricaine et le Congo-Brazzaville ont repris cette position à leur voisin camerounais[66] ».

Certaines réalités qui n'existaient pas avant la colonisation dans les sociétés traditionnelles ont eu pour ainsi dire du mal à trouver un schéma de législation dans les règles coutumières africaines. Mais pour ce qui concerne les cadres basiques de la socialisation tels que la famille, la religion, les rites, les mythes, les croyances, le mariage, la parenté, la succession, etc., leur contrôle restait maintenu par les législations traditionnelles. Nous étions dès lors en présence de la naissance d'une séparation institutionnelle et législative au sein des sociétés africaines. Le constat est sans appel, car après plus d'un demi-siècle le phénomène se fait toujours ressentir. Chez les Mpongwè au Gabon par exemple cette persistance s'observe dans les aspects de filiation, d'alliance ou de succession. Les lois de l'État partagent leur fonction de régisseur des communautés dans certains domaines avec les règles coutumières. C'est ce qui se fait appeler « *un droit de l'entre-deux*[67] », « (…) entre deux visions du

---

[65] *Ibid.*, p. 243.
[66] *Ibid.*, p. 250
[67] Étienne Le Roy, « Le laboratoire d'anthropologie juridique de Paris, hier, aujourd'hui, demain pp.151-164 », in *Cahiers d'Anthropologie du droit, H.S.* Paris, Karthala, 2004, p. 150.

monde ou, si l'on préfère, entre deux archétypes⁶⁸ ». « (…) la théorie des archétypes qui se développe entre les années 1980 et 1985 (...) suppose de rompre avec une lecture synchronique des faits de société, et en particulier de dépasser le structuralisme, au profit d'une lecture dynamique⁶⁹ ». Dans cette perspective dynamique les domaines de la vie sociale des groupes évoluant chacun, il est plutôt cohérent et nécessaire que la législation fasse autant de son côté.

Il est compréhensible après ce qui précède d'adhérer ainsi à la vision dynamique du droit coutumier, car elle met en avant des transformations spécifiques aux besoins des communautés en suivant ou non l'évolution des lois de l'État. Par contre, les régisseurs des communautés et les législateurs sont confrontés au quotidien à des situations toujours plus complexes et différentes les unes des autres. Devant le phénomène perpétuel de transformation lié à des interactions entre les sociétés, les cultures et les modes de vie, les hommes de lois modernes et coutumières ont souvent des difficultés à résoudre des situations dont les problématiques ne relèvent pas de leur domaine respectif, car ils traitent pourtant des mêmes objets, mais avec des approches bien distinctes.

Qu'à cela ne tienne, les deux régisseurs cohabitent sous un même toit ; et la communauté Mpongwè est aujourd'hui régie par une double juridiction sans toutefois qu'elle soit unifiée : c'est l'héritage d'une culture endogène et exogène qui forme un juridique biculturel, qui l'entraîne dans une ambivalence et une ambiguïté au quotidien. De par l'observation de terrain par exemple, le

---

[68] Michel Alliot, *Le droit et le service public au miroir de l'anthropologie*, Paris, Karthala, 2003, p. 302.
[69] Étienne Le Roy, « Le laboratoire d'anthropologie juridique de Paris, hier, aujourd'hui, demain pp.151-164 », in *Cahiers d'Anthropologie du droit*, H.S. Paris, Karthala, 2004, p. 150.

constat met en évidence au sein des institutions endogènes (règles traditionnelles ou coutumières) qu'il existe des écoles, des manières différentes de voir et de penser la règle coutumière, qui prônent pour les unes l'adaptation au milieu et au besoin, pour les autres l'attachement à faire « comme cela s'est toujours fait ». Ce constat nous présente la juridiction dans les communautés, et particulièrement dans celle des Mpongwè, comme des rails d'un train qui, parallèles, ont le même objectif : faire avancer le train, dont les intersections présentes dans les deux mondes, moderne et coutumier, viennent freiner et perturber le voyage des passagers.

Si nous devons considérer comme Henri Lévy-Bruhl[70] que, « le droit émane du groupe social ; les règles juridiques expriment la manière dont ce groupe entend que soient établis les rapports sociaux [71] », les valeurs auxquelles s'attache le groupe sont importantes et à prendre en considération. Regardons les deux échasses d'un danseur, par exemple ; si l'une reposait sur un matériau solide (le Droit moderne et légal), et l'autre sur du fragile (les règles coutumières non légales) ; quelle serait alors la démarche ou la danse de ce dernier ? C'est une réalité en présence qui ne peut offrir que le flou, l'ambiguïté, le trouble et l'instabilité dans la vie sociale des membres des communautés. Telle est la situation dans laquelle se trouve la juridiction gabonaise. Le droit moderne a des bases solides, car il est légitime par la loi, mais les règles coutumières reposent sur un réservoir fragilisé ; l'oralité dont les garants et les gardiens se font rares, et elles souffrent également du fait de ne pas être reconnues officiellement par la loi.

---

[70] Lucien Lévy-Bruhl, *Sociologie du droit*, Paris, PUF, 1990.
[71] *Ibid.*, p. 40.

Par ailleurs si ce besoin de l'Homme d'affirmer sa différence est présent partout, nous convenons donc bien rattachés à la pensée de cet auteur que : « puisque le droit exprime la volonté du corps social, il ne peut être unifié que dans la mesure où cette volonté est partout identique. Or il est bien évident qu'une pareille conformité chez tous les peuples de la terre est inconcevable, et même, sans doute indésirable[72] ». De ce qui précède, l'existence d'un Droit qui ne prend pas en compte, dans son essence même l'ensemble des visions de la société est une entreprise périlleuse. La règle coutumière en elle-même est une combinaison d'une multitude de charges ; l'histoire d'un « dynamisme du dedans et du dehors[73] ». Concevoir l'unité du Droit revient dans ce contexte à prendre en compte la culture, les bouleversements et les transformations que vivent les communautés au quotidien, afin de prétendre ainsi assurer le bon fonctionnement du corps social. Considérons aussi que, outre ce champ, cette perspective est un investissement louable pour le « savoir », la « diversité culturelle » du Gabon, et un héritage pour les générations futures.

Les lois de l'État ne seraient-elles pas plus stables si elles prévoyaient une place légitime aux règles présentes dans les coutumes ? Voilà une question sur laquelle peuvent réfléchir les hommes de loi et législateurs gabonais. Cela participerait à la solidification des mœurs gabonaises ainsi qu'à légaliser les pratiques coutumières. Soulignons que l'application des règles coutumières n'est ni autorisée ni réprimandée par la loi. Les membres de chaque communauté en pratiquant leurs coutumes ne sont ni dans la loi, ni hors la loi. Voilà bien là une vraie situation d'ambiguïté. « Les coutumes sont souvent en

---

[72] *Ibid.*, p.124.
[73] George Balandier, *Sens et Puissance*, Paris, Quadrige/PUF, 1971, 2004.

discordance avec le droit en vigueur (…) Il y a lieu d'insister quelque peu sur ce point (…) Elles sont toujours para-légales, mais parfois franchement illégales[74] ». Cette affirmation étaye bien ce que nous soutenons, c'est une situation tout simplement incohérente. Le législateur lui-même appartient à une communauté à laquelle il consent naturellement par le biais de la socialisation de se soumettre aux différentes règles qui la régissent. Aussi, il est influencé également par le contexte moderne qui assure une autre partie de sa socialisation. Ainsi, comment vivre en équilibre, en harmonie et exercer parfaitement son métier pour les législateurs qui subissent ces influences ? Pour Lévy-Bruhl[75] c'est simple ; pour lui « ce serait une grave erreur de penser que (…) le juge (ou le sorcier) puisse trancher le litige qui lui a été déféré suivant les suggestions de sa conviction personnelle. Sa sentence est nécessairement, là comme ailleurs, là plus qu'ailleurs peut-être, conforme à l'opinion collective. Sans doute, la coutume ne lui dicte pas explicitement sa décision, mais elle exerce sur lui une pression latente et irrésistible, et le rôle du juge consiste non pas à trouver une solution nouvelle, mais à chercher celle qui est la plus adéquate aux aspirations du milieu qui l'entoure[76] ».

L'homme de loi est avant tout socialisé dans un environnement qui a pour le reste un impact sur plus ou moins toutes les décisions qu'il prend. Sur ce point, l'école « *culture et personnalité* » notamment avec Ruth Benedict et son concept de « *pattern of culture* » nous édifie sur ce point : « Pour elle, chaque culture se caractérise donc par son *pattern*, c'est-à-dire par une certaine configuration, un certain style, un certain modèle, pourrait-on dire. Le terme, sans équivalent en français,

---

[74] Lucien Lévy-Bruhl, *Sociologie du droit*, Paris, PUF, 1990, p. 47.
[75] *Ibid.*
[76] *Ibid.*, p. 67.

implique l'idée d'une totalité homogène et cohérente[77] ». « Une culture n'est pas une simple juxtaposition de traits culturels, mais une manière de les combiner tous. Chaque culture offre, en quelque sorte, aux individus un « schéma » inconscient pour toutes les activités de la vie[78] ». Les individus en communauté sont donc dans un conditionnement dont l'influence se fait sentir dans toutes les activités de leur quotidien.

Il est donc difficile de faire appliquer à une société qu'une partie des valeurs qui composent son processus de socialisation. La modernité et les coutumes sont transmises aux individus. De ce fait, il est donc logique qu'en matière de Droit et de loi, ces deux composantes se retrouvent dans le Droit et que les lois s'appliquent. Aujourd'hui, des résultantes de l'histoire et particulièrement de la colonisation, il en découle, qu'en Afrique le domaine juridique n'est pas stable comme. Norbert Rouland[79] le mentionne comme suit, pour lui, « à l'heure actuellement, la plupart des États d'Afrique noire vivent en situation de pluralisme juridique. Le droit officiel, celui des codifications calquées sur des modèles européens, est celui des groupes dirigeants, la majorité de la population vivant suivant d'autres droits, tantôt coutumiers, tantôt récents, ignorés ou partiellement reconnus par le droit officiel. Les juristes européens qualifient souvent d'anarchique cette situation[80] ».

L'imposition du Droit occidental par les pays colonisateurs, et ensuite le suivi de cette optique par les législateurs africains après les indépendances n'ont abouti qu'à la création de deux mondes juridiques dans lesquels

---

[77] Dany Cuche, *La notion de culture dans les sciences sociales*, La Découverte, Paris, 2010, pp. 39-40.
[78] *Ibid.*, p. 40.
[79] Norbert Rouland, *Aux confins du droit*, Odile Jacob, 1991.
[80] *Ibid.*, p. 66.

nagent les Africains. Les sociétés sont conduites dans un gouffre, une cacophonie ne sachant véritablement sur quelle musique ni sur quel pied danser. Les communautés de ces pays, notamment celles du Gabon, se retrouvent à appliquer les deux lois qui les régissent : quand elle n'est pas de coutume et traditionnelle, elle est moderne et occidentale. Ces deux conceptions du juridique sont aujourd'hui plus que jamais intégrées dans les mœurs, dans la culture et la vie des Gabonais d'où la nécessité pour la loi de prêter attention à cette réalité.

Même si, nous sommes d'accord à ce sujet avec l'entendement qui veut que, « tout système de Droit est l'émanation d'une culture. Quand se trouvent en contact plusieurs cultures très différentes, les transferts de Droit des unes aux autres revêtant les caractères de l'acculturation exigent la transformation, sinon l'abandon, des valeurs sur lesquelles reposent leurs systèmes juridiques[81] ». Pourtant, après plus de cinquante ans de décolonisation et avec l'ouverture aux autres univers, il est actuellement impossible de penser un droit provenant uniquement de l'occident ou uniquement du coutumier, sachant que chacun d'eux va remplir une fonction à part entière. Les prévisions de l'époque qui tendaient à prévaloir la survivance d'un seul droit occidental d'une part ou coutumier d'autre part ont échoué. Dans cette vision nous rejoignons volontiers celle de Michel Alliot[82] qui reconnaissait qu'« il ne suffit donc pas de recopier un texte pour transférer un droit. Le texte ne parle que par les représentations qui lui sont associées et qui ne s'expatrient pas. Et quand bien même le discours qu'ils forment ensemble s'exporterait, il devrait s'associer à des pratiques

---

[81] Norbert Rouland, *L'anthropologie juridique*, Paris, PUF, 1990, p. 85.
[82] Michel Alliot, *Le droit et le service public au miroir de l'anthropologie*, Paris, Karthala, 2003.

juridiques qui auraient toutes les chances de différer de celles qu'on attendrait, parce qu'elles répondraient à des objectifs différents (…) Toutes les tentatives de transfert de droit des pays occidentaux vers les pays technologiquement les moins avancés échouent. La foi dans les transferts résulte d'une double illusion : illusion de la supériorité des droits occidentaux, illusion de la possibilité de transférer un droit en transférant un texte[83] ».

La question du transfert de droit aujourd'hui a tout son sens. C'est une problématique qui est encore d'actualité et pertinente. Le constat sur le terrain montre que les sociétés dites traditionnelles ne vivent pas que dans des normes modernes ou occidentales, mais qu'elles entretiennent également dans leur vie quotidienne les usages de leurs coutumes et traditions. « Convenons donc que force ne fait pas droit, et qu'on est obligé d'obéir qu'aux puissances légitimes[84] ». Par cet état de fait, pour la stabilité juridique et sociale d'une part, politique, économique et culturelle d'autre part, l'analyse et la connaissance des règles coutumières africaines en général et gabonaises en particulier est un impératif.

Pour finir, Étienne Le Roy[85] qui s'est intéressé à mettre au jour les incompréhensions qui affectent la vie juridique en Afrique face aux règlements de conflits, pense en effet que : « la vie juridique et les modes de règlement des conflits restent dominés par une structure pluraliste alors que le modèle institutionnel est unitaire[86] ». Il prend

---

[83] *Ibid.*, p. 133.
[84] Rousseau, *Du contrat Social*, Paris, Flammarion, 2012, p. 46.
[85] Étienne Le Roy, *Les Africains et l'institution de la justice : Entre mimétisme et métissage*, Dalloz, 2004.
[86] *Ibid.*, p. 255.

l'exemple des Nkomi [87] du Gabon pour montrer la complexité du droit traditionnel : « chez les Nkomi "le tribunal familial est intimement associé au chef de famille qui peut être chef de matriclan, ou chef de lignage, le frère de la grand-mère ou le frère de la mère. Le chef de matriclan règle les infractions les plus graves, les autres règlent les conflits mineurs"[88] ». Cela montre bien une fois de plus que la société gabonaise renferme en son sein de multiples gouvernances complexes que le Droit de l'État devrait considérer, car cette démonstration prouve que le Droit légal n'a pas le monopole juridique dans les communautés de la société. Pour la suite de l'exposé, c'est avec l'exemple de la communauté Mpongwè que nous allons mettre en évidence les propos soutenus ci-avant comme suit, il s'agira d'une présentation de la communauté ; de ses règles coutumières ainsi que des logiques qui les sous-tendent dans la parenté, le mariage et enfin dans la succession.

---

[87] Exemple tiré de la thèse de Pierre Louis Agondjo Okawe, *Structures parentales et développement au Gabon : l'exemple Nkomi*, Soutenue à Paris en 1967.
[88] Étienne Le Roy, *Les Africains et l'institution de la justice : Entre mimétisme et métissage*, Dalloz, 2004, p. 80.

III - Présentation de la population

Les détails historiques et politiques qui vont suivre reposent sur les données de la tradition orale Mpongwè recueillies lors de nos entretiens. En les analysant, nous allons les appuyer par des références théoriques qui existent sur la question. Il s'agit dans cette partie du travail, non seulement d'un rappel historique, mais également de montrer comment la communauté Mpongwè du Gabon organise sa vie sociale et politique.

Dans une vision d'ensemble, le Gabon est un pays pluriel, qui regroupe en son sein une énorme diversité de groupements culturels et linguistiques. Cette constitution des communautés se serait faite par un processus d'installation dans l'espace et dans le temps qui diffère d'une communauté à une autre. C'est ainsi que la littérature historique nous indique que « le territoire actuel du Gabon, peuplé de populations de chasseurs-cueilleurs (souvent appelés Pygmées) va recevoir le flux de migrants bantu venant tout d'abord du nord-ouest puis, à des époques plus récentes, du nord-est, de l'est et du sud du territoire gabonais actuel. Ces populations vont se fixer un peu partout sur le territoire. Certains migrants, comme les Vili, les Lumbu et, bien plus tard, les Ng'Omyènè (Myènè), atteignant le littoral du Gabon vont s'y implanter. Les anciens peuples des royaumes de Kongo et de Loango, ancêtres des populations Vili, Téké, Lumbu, Varama, Ngubi, ou Ngowé, Ndzébi, Gisir et Masangu d'aujourd'hui, auxquels il faudrait adjoindre les Ndiwa ou Andiwa, peuple ayant colonisé l'Estuaire ou Arongo, avant l'arrivée de l'ensemble des groupes Myènè Mpongwè et Beséki (Sékyani) sur la côte, peuvent être considérés comme les premiers groupes bantu ayant occupé l'espace actuel du Gabon (entre le XIIe et le XVIIe siècle)[89] ».

Au demeurant le nom Mpongwè aurait été donné à cette communauté, par les autres communautés du groupe Myènè composé des Adjumba, Énénga, Galwa, Mpongwè, Nkomi, Orungu, en raison de la particularité qu'ont les Mpongwè à parler de « la gorge » et un peu « du nez ». Pour explication, il y aurait dans ce parler des consonances et des consonnes polaires et nasales que l'on ne trouve pas chez les autres communautés du groupe Myènè. Ce nom tire son origine du nom du gosier en Mpongwè *épongo*. Par ailleurs, les Mpongwè se réclament également du nom de leur ancêtre le plus éloigné *Ambazé*.

1 - Histoire de la migration

La tradition orale prétend que les Mpongwè viendraient d'*Aboudjè* ou plus exactement d'*Olanda Aboudjè*, c'est-à-dire « du côté du soleil, ou du moins du soleil levant », précisément à l'est du continent africain, où se situe exactement la région des Grands Lacs. Les Mpongwè prétendent et précisent que leur région d'origine serait celle du Tanganyika. À propos d'*Abundjè*, Anges Ratanga Atoz[90] nous précise à ce sujet que ce « serait l'un des villages d'où est partie la migration vers l'ouest et les rivages de l'Ogooué et de l'Océan[91] ». En effet, Michel Jouin nous rappelle que « selon une de ces versions, présentée par le Père Gautier dans son *Étude historique*

---

[89] Daniel Franck Idiata, Anges François Ratanga Atoz et Jean-Marie Hombert, *Atlas des langues et peuples du Gabon*, Libreville, CENAREST, 2012, p. 21.
[90] Anges François Ratanga Atoz, *Les Peuples du Gabon occidental*, Libreville, Raponda Walker, 2009.
[91] *Ibid.*, p. 51.

sur les Mpongoues, les mpongwè viendraient du Nord-Est et se seraient séparés, sur le haut Como, en deux fractions, l'une allant peupler la rive nord, l'autre la rive sud[92] ».

Ils seraient ainsi partis de cette région en direction d'*Alombo tchwa* « du côté du soleil couchant » dans l'espoir d'y trouver un lieu proche en caractéristiques de celui qu'ils avaient quitté. « Partis d'Abundjé, à l'orée de la grande forêt, près d'une vaste étendue d'eau, les Mpongwè se regroupent à Apayi Na Ndungu, une autre ville mythique qui se situerait sur l'Ivindo. Là, l'ensemble myéné entre en contact avec celui des Tsogo (Okande, Tsogo, Simba, Apindji) qui l'initie à ses croyances et à ses rites, lors d'un assez long séjour. Les Mpongwè vont ensuite atteindre l'Ogooué et, par ce fleuve, les vallées de l'Okano et de l'Abanga[93] ». « Les populations myènè ont peuplé le territoire actuel du Gabon, à l'ouest, entre le XVe et le XVIIe siècle. Il semblerait que des éléments de leur langue survivraient dans la région des ''Grands Lacs''. Ce fait reste évidemment à confirmer par des études linguistiques solides[94] ».

Par ailleurs, il est difficile pour les Mpongwè d'indiquer avec précision si auparavant ils étaient situés un peu plus loin que la région des Grands Lacs, et si cette région ne constitue qu'une parmi celles où ils ont habité pendant leur migration. Au Gabon, c'est au confluent de l'Abanga, et à *Olambo Mpolo* « la source de la rivière » qui est l'actuel komo où les clans Mpongwè se sont regroupés. Cet endroit sera également le lieu où ces derniers vont se séparer.

---

[92] Michel Jouin, *La terminologie de parenté mpongwè*, Office de recherche scientifique et technique d'outre-mer, 1973, p.1.
[93] Annie Merlet, *Le pays des trois estuaires*, Libreville, Centre culturel Français Saint-Exupéry, 1990, p. 15.
[94] *Ibid.,* p. 140.

Les Mpongwè se réclament d'avoir des similitudes sémantiques et toponymiques avec des langues[95] de la région des Grands Lacs, dont le swahili par exemple. Pour notre part il nous a été difficile de trouver des correspondances entre des mots swahilis et des mots Mpongwè. Les quelques mots ci-après trouvés à l'aide de dictionnaires[96] traduisant la langue Myènè et Swahili n'ont pas la prétention de vérifier les hypothèses sur les origines Mpongwè dans la région des Grands Lacs, mais proposent des pistes pour d'éventuelles recherches soutenues par la linguistique et l'histoire. Le tableau ci-dessous met en comparaison quelques mots de la langue myènè que parlent les Mpongwè et la langue swahili. Loin d'être un travail linguistique conséquent, ces similitudes peuvent donner l'envie aux chercheurs d'approfondir ce sujet. C'est une porte ouverte à la possibilité d'un contact des Mpongwè avec les populations parlant swahili à un moment donné de leur histoire. C'est une hypothèse qui mérite l'attention car, la tradition orale Mpongwè et les textes historiques mentionnent une migration Mpongwè partie de la région des Grands Lacs. Un travail linguistique approfondi pourrait mieux nous éclairer sur cette question.

---

[95] À ce sujet, nous vous invitons à partager l'expérience de Anges François Ratanga Atoz à propos de ses échanges en langue Myènè au Kenya et en Tanzanie, ainsi que des rapprochements par rapport au Mozambique et l'Ouganda dans son ouvrage, *Les peuples du Gabon occidental,* Libreville, Raponda Walker, 2009.
[96] André Raponda Walker, *Dictionnaire français-omyènè, omyènè-français*, Libreville, Raponda Walker, 2012. Université de Paris, *Dictionnaire Français-Swahili,* Paris, Institut d'Ethnologie, 1959. Alphonse Lenselaer, *Dictionnaire swahili-français*, Paris, Karthala, 1983.

Français	Mpongwè	Swahili
Tambour	Ngoma	Ngoma
Derrière	Numa	Nyuma
Chien	Mbwa	Mbwa
Faire	Denda	Kutènda
Violence	Ngulu	Nguvu

2 - Situation géographique

La communauté Mpongwè serait donc à inscrire dans la vague des populations Myènè venues s'installer sur le littoral de Libreville. En effet, les Mpongwè habitent l'Estuaire du Gabon qu'ils appellent *Arongo*. Ils font partie du groupe Myènè. « Le groupe myéné réfère à la langue myéné (omyènè, selon l'appellation endogène). Dans la classification des langues bantu de Malcolm Guthrie, le myéné est intégré au groupe B10 [97] ». Au Gabon, les Mpongwè s'établissent des deux côtés de l'estuaire, c'est-à-dire la rive droite et la rive gauche : la Pointe Mpongara, quartier Louis, le Cap Santa Clara, Idokoghou (entre le cap Santa Clara et le Cap Estérias), Arongo (la mère profonde ou large), Adomoga (le rocher du roi), Idonguila (c'est le nom d'un arbuste de taille moyenne qui servait à la fabrication des balais ou des cure-dents, il se situait entre Ikoyi et l'île Coniquet, Dambè (l'île Coniquet), Nkomboninwin (la pointe fétiche), Mbini (l'île Perroquet,), Nombakoula (montagne sainte actuelle), Tchintchoua (l'œil de la mère), la pointe

---

[97] Daniel Franck Idiata, Anges François Ratanga Atoz et Jean-Marie Hombert, *Atlas des langues et peuples du Gabon*, Libreville, CENAREST, 2012, p. 42.

Gango, Igombinè (la petite rivière), Ngoungwè (la rivière), Ghobolo, Itoutiè (la rivière), Monbè, l'île Ninguawowa, Popè, Rongeèkavi (la petite rivière), Iwinguéniawa (la rivière des animaux), Rogoliè (la rivière), la rémboué, la pointe Denis, Owendo, Olamba (glass), Nkombo Abandja, Nkaraghé, Mont Bouët, etc. L'installation des Mpongwè sur les deux rives de l'estuaire, droite et gauche, se fait en fonction des affinités ou des liens de parenté et d'alliance.

La tradition orale prétend que la migration aurait traversé, et ce durant des décennies, le lac Tanganyika, le Burundi, le Rwanda, puis le Zaïre et le Congo, avant d'arriver au Gabon. L'occupation des Mpongwè sur l'Estuaire du Gabon était faite en villages. En effet, « Pigeard, en 1846, donne une bonne carte de l'Estuaire et de la Como jusqu'au point qu'il a atteint. On y compte : 1° 11 villages sur le bassin extérieur dont 9 sur la rive droite et 2 sur la rive gauche ; 2° 9 sur le bassin intérieur dont 5 sur la rive nord, 2 sur la rive sud et 2 dans l'île Orléans (Coniquet) ; 3° 22 sur la Como et la Bakoué[98] ».

Les cartes ci-après nous donnent les détails de l'implantation Mpongwè à différentes périodes de manière chronologique ; de la plus ancienne à la plus récente. Carte 1 : répartition des clans Mpongwè dans l'estuaire du Gabon. Carte 2 : présentation des villages Mpongwè dans l'estuaire du Gabon. Carte 3 : répartition spatiale en fonction des fleuves. Carte 4 : configuration spatiale plus récente de la localisation des résidences Mpongwè dans l'Estuaire du Gabon.

---

[98] Hubert Deschamps, *Quinze ans de Gabon*, Paris, Société française d'histoire d'outre-mer, 1965, p. 327.

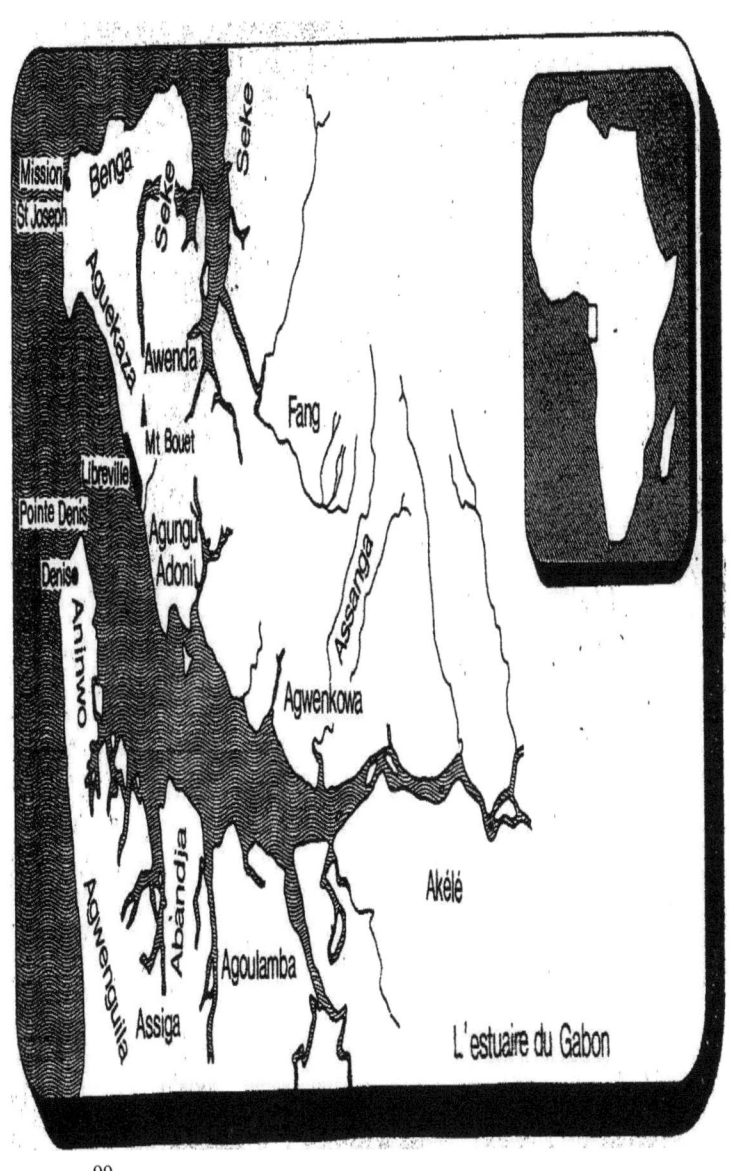

Source[99]

---

[99] Elikia M'Bokolo, *Le roi Denis : La première tentative de modernisation du Gabon*, ABC, Paris, 1976, p. 11.

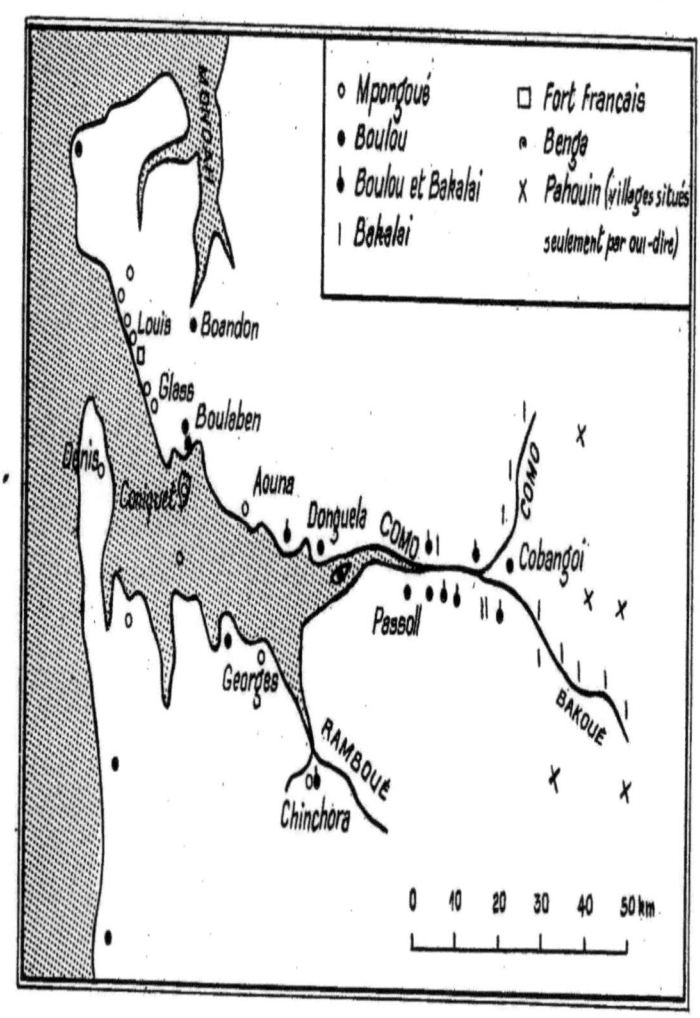

IV-VILLAGES CONNUS en 1847

Source[100]

---

[100]*Ibid.*, p. 339.

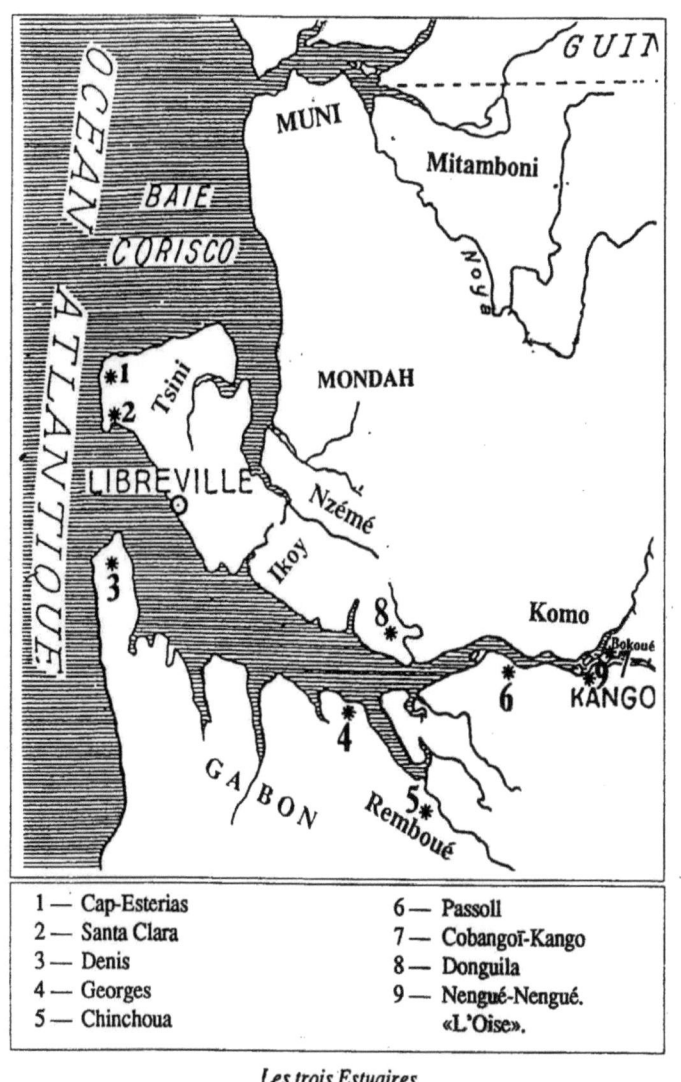

Les trois Estuaires

Source [101]

---

[101] Annie Merlet, *Le pays des trois estuaires*, Libreville, Centre culturel Français Saint-Exupéry, 1990, p. 6.

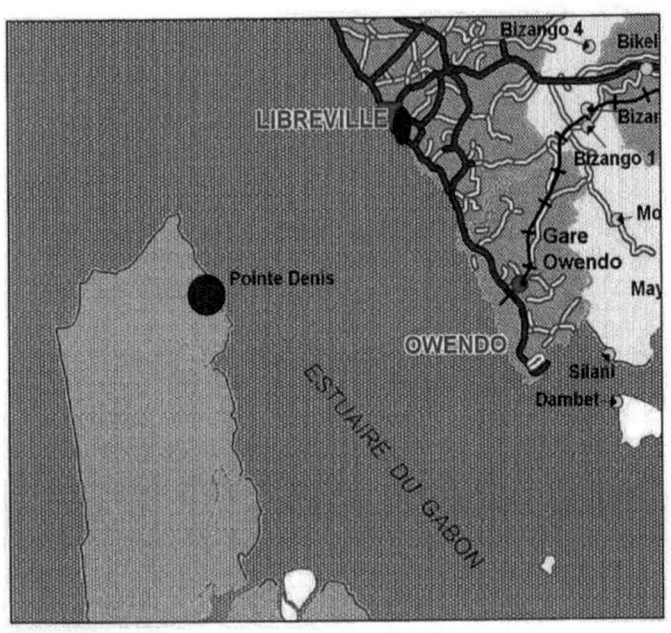

● Localisation des foyers d'implantation des Myéné-Mpongwè.

Source[102]

---

[102] Daniel Franck Idiata, Anges François Ratanga Atoz et Jean-Marie Hombert, *Atlas des langues et peuples du Gabon*, Libreville, CENAREST, 2012, p. 21.

Les cartes ci-avant déterminent bien le territoire occupé pleinement et uniquement par les Mpongwè jadis. La réalité actuelle nous fait constater que l'estuaire n'est plus seulement occupé que par les Mpongwè. Quand les villages, ou, aujourd'hui terrains familiaux ne sont pas vendus à l'Etat au profit de l'urbanisation de la ville qui est la capitale Libreville, ils sont vendus aux ressortissants étrangers pour des commerces, ou encore tout simplement mis en location et occupés par les Gabonais d'autres communautés ou des étrangers. Ainsi les Mpongwè vivraient aujourd'hui aussi en dehors de leurs terres ancestrales, et parfois très loin de quelques-uns de leurs villages devenus des quartiers modernes. Les membres de la communauté avec qui nous avons discuté considèrent ainsi leur patrimoine culturel plus menacé que celui de leurs frères d'intérieur, face au besoin et à la nécessité du développement urbain de Libreville.

Pour eux, malheureusement, le développement urbain de Libreville se ferait au détriment de la stabilité historique et culturelle de leur communauté. Si le développement est un processus continu ; les communautés de l'intérieur du pays se trouveront probablement dans la même situation dans les prochaines décennies. Les membres de la communauté Mpongwè pensent que, le fait pour eux d'avoir pour ancien village la capitale politique du Gabon, expose leur patrimoine résidentiel à une totale disparition dans un futur proche. Avec la construction et la reconstruction de la ville, la communauté se trouve devant l'impératif de modifier et d'adapter ses lieu et mode de vie en fonction des réalités sociales et économiques que présente la nouvelle urbanisation de Libreville.

3 - Aspects sociaux et politiques

Chez les Bantou, et particulièrement au Gabon, chaque communauté est constituée par un ensemble de clans spécifiques. Pour les Mpongwè par exemple, elle se compose actuellement de plus d'une dizaine de clans : Abandja, Abundanongo, Adoni, Aguékasa, Agulamba, Agungu, Agwémpono, Agwékonwa, Agwésono, Aninwo, Assiga, Avèmba, Awènda. Il faut signaler qu'au départ il y avait environ vingt-cinq clans Mpongwè. On note une disparition de plus d'une dizaine de clans actuellement. C'est notamment le cas des : Adukéssono, Aguéggwa, Aguéssamba, Agondigo, Agwénango, Agwénguila, Anangoduka, Anigo, Azunu, Azuwa, Adjumba « ce clan émigra après une guerre vers le lac Azingo et le Moyen-Ogowè (…)[103] » sans oublier les Ndiwa. C'est à partir de ces clans que toutes les personnes qui les constituent se reconnaissent, fondent la communauté et leurs liens de parenté.

La communauté Mpongwè était organisée, très hiérarchisée et fonctionnait selon des règles bien établies. La chefferie de ces clans était assurée par un roi intelligemment choisi par le conseil des sages, dont les membres étaient des initiés à des rites tels que l'Okoukwè[104]. Le roi devait présenter les caractères d'un homme intègre. Aussi, son installation au trône pouvait également se faire de manière héréditaire. Par ailleurs, si le roi était jugé incompétent ou indigne de ses fonctions par les sages, ces derniers se réunissaient pour l'écarter du pouvoir. Ainsi, ils pouvaient faire une nouvelle élection et

---

[103] André Raponda Walker, *Notes d'Histoire du Gabon*, Libreville, Raponda Walker, 2008, p.82.
[104] Pour avoir une idée sur la question des rites, prendre connaissance de l'œuvre d'André Raponda Walker, *Rites et croyances des peuples du Gabon*, Libreville, Raponda Walker, 2011.

élire quelqu'un d'autre jugé digne. Les sages initiés procédaient alors à l'intronisation du roi sanctionnée par une cérémonie rituelle dans un milieu restreint. C'est à ce moment précis que le nouveau roi recevait tous les attributs de son pouvoir. Cette cérémonie achevée, les autres membres du groupe pouvaient ensuite être associés à l'événement. C'étaient des cérémonies qui pouvaient durer des semaines afin de sacrer correctement le roi et ses attributs avant de le présenter officiellement au peuple. Le roi recevait alors ses attributs de pouvoir : *Isseringuila* « le valet du roi, son messager, son espion, celui qui le suit partout où il va » ; *Nkendo* « la clochette en fer forgé » ; *Nkoghou* « le bâton de commandement, d'autorité, et de sagesse » ; *Ipépina* « l'éventail » ; *Ogondjo* « le chasse-mouche fait à base de nervure de palmier ». Les photos ci-après mettent en évidence quelques-uns d'entre eux.

Nkendo « la clochette en fer forgé ».

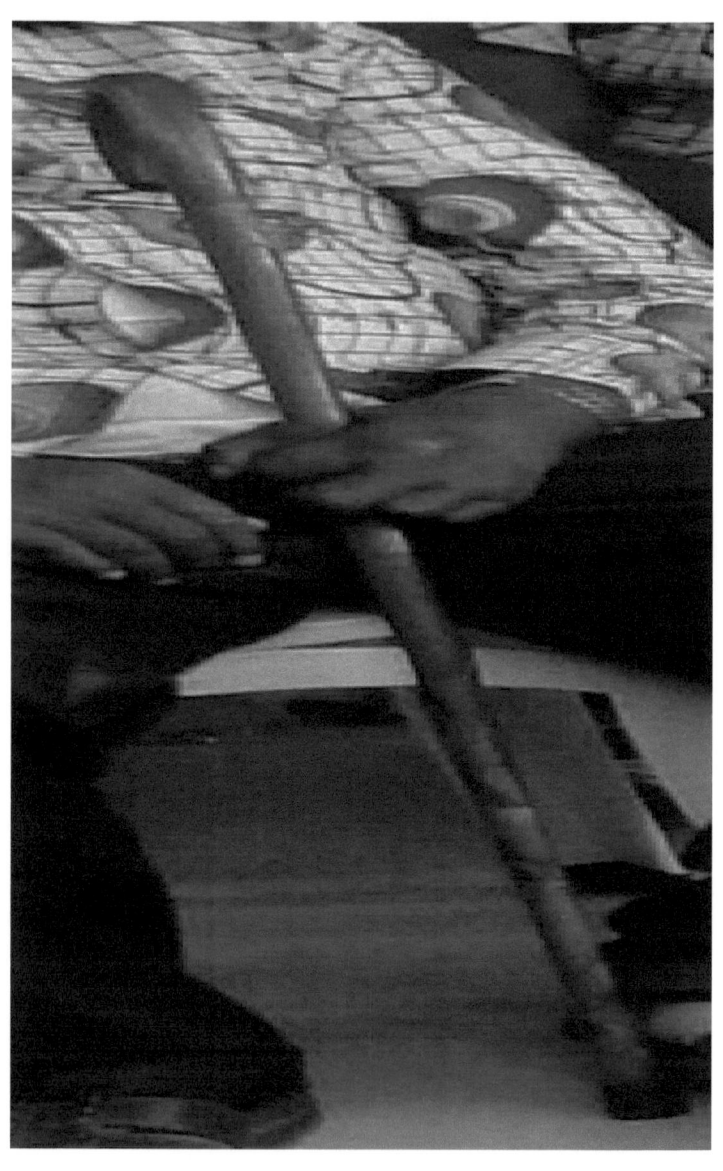

Nkoghou « le bâton de commandement, d'autorité, et de sagesse ».

Ipépina « l'éventail ».

« le chasse-mouche fait à base de nervure de palmier ».

Au sujet des attributs mettant en évidence l'autorité d'un roi chez les Mpongwè, Elikia M'Bokolo [105] mentionne effectivement à propos du roi Denis que : « après les jours de deuil et de festivités précédant son intronisation, il a reçu les divers insignes de la royauté. Les insignes de tous les jours : la canne d'ébène, ce bois dont le Gabon côtier était alors très riche ; une sagaie de fer, rappelant le passé belliqueux d'un peuple devenu pacifique pour les besoins du commerce et évoquant le rôle joué jadis, comme chez les autres peuples bantous, par le métier de forgeron ; un chasse-mouche et un éventail. Les insignes des grands jours et des grandes cérémonies : la clochette sacrée, le *nkedo*, elle aussi en fer, et le *l'épona*, le tambour recouvert d'une peau humaine. Tous ces insignes témoignaient, devant tous les Assiga, qu'il était le dépositaire des traditions du clan[106] ».

Le mode du pouvoir variait selon les clans. Mais il est important de souligner dans tous les clans, la place de l'assemblée ou du peuple dans les prises de décisions. À ce propos, Hubert Deschamps[107] nous fait remarquer au sujet du roi Denis que « Méquet, en 1847, déclare encore : « *De tous les chefs riverains, c'est Denis qui a sur son peuple le plus d'autorité. Rien d'important ne se fait même dans le bas du fleuve sans qu'il ait été préalablement consulté…Ce n'est malgré tout qu'un roi très constitutionnel car toutes les affaires importantes ou non se traitent dans des assemblées où chacun a son franc-parler*[108] ». « Dans les clans les plus fidèles à la coutume, le frère du chef défunt venait avant le fils et

---

[105] Elikia M'Bokolo, *Le roi Denis : La première tentative de modernisation du Gabon*, ABC, Paris, 1976.
[106] *Ibid.,* p. 24.
[107] Hubert Deschamps, *Quinze ans de Gabon*, Paris, Société française d'histoire d'outre-mer, 1965.
[108] *Ibid.,* p. 335.

devait être agréé par le conseil des anciens qui pouvait, en cas de nécessité, désigner un autre membre du lignage le plus important (c'était le cas chez les Aguèkaza). Ailleurs, par suite d'innovations remontant au XVIIIe siècle, le pouvoir passait directement au fils [109] ». Aussi, « les attributions des *aga* étaient essentiellement religieuses. Leur case, *naga-mpolo* « grande case », singulière par sa disposition perpendiculaire à la rue principale alors que les autres étaient parallèles, abritait les reliques des ancêtres. Les aga étaient assistés par deux personnages influents : l'*akaga,* responsable des affaires extérieures et en particulier, de la guerre ; l'*okamb*i, exerçant les fonctions de juge et d'avocat[110] ».

Aujourd'hui, ces attributs sont encore présents chez les Mpongwè. En effet, lors des cérémonies telles que les mariages nous pouvons observer la présence de ces objets : *Nkoghou* spécifique aux hommes âgés et symbole d'autorité et de sagesse ; *Nkendo* sert d'instrument d'accompagnement des musiques traditionnelles ou de cloche lorsqu'il s'agit d'invoquer les ancêtres ; *Ipépina* et *Ogondjo* peuvent servir d'objets de décoration ou d'accompagnement costumier pour les futures mariées lors des mariages par exemple. L'utilisation de ces objets reste spécifique aux cérémonies comme les deuils, les mariages ou autres, comme le montrent les photos ci-après.

---

[109] Elikia M'Bokolo, *Le Gabon précolonial : étude sociale et économique*, Cahiers d'Études africaines, pp. 331-344.
[110] *Ibid.,* pp. 342-343.

Sur cette photo prise lors d'un mariage Mpongwè, nous pouvons voir sur l'extrême gauche, un sage qui tient à dans sa main gauche son *Nkoghou* « le bâton de commandement » symbole d'autorité et de sagesse.

Photo prise lors d'un mariage Mpongwè, ici se déroule le rituel de bénédiction pour les mariés après le versement de la compensation matrimoniale (la dot). Les sages après avoir versé des boissons au sol, et exclamé des paroles de bénédiction, utilisent le *Nkendo,* « la clochette en fer forgé » pour invoquer les ancêtres.

Sur cette photo représentant le décor de l'espace prévu pour l'accueil des mariés lors de la cérémonie de mariage coutumier Mpongwè, à l'extrême droite nous pouvons apercevoir deux poteaux sur lesquels se trouve accroché, sur le premier *Ipépina* « l'éventail » et sur le second en dessous *Ogondjo* « chasse-mouche». Ces deux objets aujourd'hui participent à l'environnement des cérémonies en tant que simples décoratifs.

Ipépina«l'éventail» fait partie de l'accompagnement du costume de la mariée Mpongwè.

Par ailleurs, la cour du roi était composée de plusieurs représentants dont : *Okambi* «l'avocat» qui prenait sa défense en cas d'accusation ; *Isseringuila* «messager du roi» ; *Akagha* «le chef guerrier qui prenait les décisions en cas de guerre». Par contre, en cas de problème jugé grave, à l'exemple d'un conflit entre clans, le roi détachait des médiateurs pour régler le conflit. « Toute décision importante était discutée et prise par le conseil, formé des plus âgés et des plus riches ; dans certains cas l'ensemble de la population libre était appelé à trancher.»[111] Le roi lors des différends n'arbitrait pas seul, il faisait appel aux sages. Ainsi, la sentence était prise à l'unanimité du conseil des sages et du peuple.

C'est ainsi que le roi, à l'exemple du roi Denis qui, « comme Ré Mboko, il est donc entouré des anciens les plus influents. Il sait qu'il doit, en ces temps nouveaux pour lui, les consulter souvent, ou du moins accueillir volontiers leurs conseils. Il devra surtout ne jamais manquer de le faire chaque fois qu'il s'agira de prendre une décision engageant tous les membres du clan. Son père, il s'en souvient, ne transgressait jamais cette règle. Deux de ces notables ont un rôle primordial : *l'okambi*, juge et avocat ; et *l'ékaga*, chef de guerre, survivance du passé[112] ». Nous constatons devant ces faits qu'il existait un système politique gérontocratique. Cet état de fait nous amène à comprendre pourquoi, actuellement dans la communauté Mpongwè, les décisions importantes font encore l'objet de conseil regroupant les plus sages, et généralement des personnes très âgées. Le règlement des conflits ou des décisions jugées importantes font l'objet de régulation spécifique par des instances telles que « les

---

[111] *Ibid.*, p. 342-343.
[112] Elikia M'Bokolo, *Le roi Denis : La première tentative de modernisation du Gabon*, ABC, Paris, 1976, p. 24.

conseils de famille » ou réunions de famille où le droit d'aînesse trouve son sens et sa légitimité.

Chaque clan Mpongwè avait à sa tête un patriarche dont le nom était précédé de *ra, réra, ré,* ou *rérè* «servant à vénérer les rois, les chefs ou les patriarches». Ce chef gérait les affaires du clan : c'était le chef temporel et spirituel. Ce dernier était suivi du chef de lignage puis du chef de famille (famille nucléaire dont le chef est le père). Mais nos interlocuteurs nous font noter que peu avant 1960, au moment de la colonisation, la plupart des chefs de clans ont tous disparu. Cela s'expliquerait par le regroupement des villages et de leur chef au niveau de la plate-forme de ce qui est l'actuel centre-ville de Libreville. Ce phénomène avait introduit une autre configuration de la hiérarchie politique Mpongwè et aurait ainsi affecté le système de l'organisation clanique. C'est donc suite à cette situation de vacance des chefferies Mpongwè que la chefferie des Aguékasa a été érigée en chefferie Mpongwè. Elle est devenue *Eka* «le trône» actuel de la chefferie Mpongwè.

En outre, pour la tradition orale, d'autres évènements accompagnent cette mutation de la chefferie du clan Aguékasa de Glass en principale et unique chefferie des Mpongwè. Les traités signés entre la France et les chefs Mpongwè ne sont pas en reste. Dans ces derniers, il était bien précisé les espaces concédés aux Français. Les Mpongwè n'auraient pas cédé tous leurs villages et toutes leurs terres aux Français. Les récits font état du fait que le roi Louis Dowé concède le village de son père qui est devenu la Sainte Marie actuelle ; le roi Quaben donne l'actuel Quaben ; le roi Réndama lègue la partie aujourd'hui appelée Glass. Par contre toute la partie comprise entre Louis et Glass qui constitue le plateau de Libreville reste propriété Mpongwè. C'est ainsi qu'entre 1952 et 1953, les Mpongwè constituent ce qu'ils ont appelé le comité Mpongwè. Ce dernier, composé de lettrés, va examiner et interpréter les traités. Ils se seraient rendu compte d'une spoliation de la part des Français. Ces dires peuvent trouver appuis dans les travaux d'histoire d'André Raponda Walker.

DIVISION NAVALE DES COTES OCCIDENTALES D'AFRIQUE

Traité conclu en 1846

entre le Capitaine de Vaisseau E. BOUET-WILLAUMEZ,

Commandant la Frégate le "Caraïbe"

et les Rois et Chefs du Gabon.

Les rois et chefs signataires du traité du 1er avril 1844, conclu entr'eux et le Gouverneur du Sénégal E. Bouët-Willaumez actuellement commandant de la Frégate le "Caraïbe", ayant reçu par l'entremise de cet officier de nouvelles marques de générosité de la part du Gouvernement Français s'empressent de reconnaître par écrit les conséquences naturelles de ce traité, conséquences qu'ils avaient d'ailleurs acceptées verbalement et de bonne foi lors de la résiliation de leur souveraineté à la France.

Ainsi tous les terrains, caps, montagnes, presqu'îles, îles ou positions qui sembleront propres au Gouvernement français pour y créer des Etablissements militaires ou agricoles lui seront concédés de plein droit, sans autres redevances de sa part que celles qu'il jugera convenables de donner annuellement aux chefs propriétaires.

En conséquence, le roi Quaben reconnaît que dès 1844, il a fait pour cet objet abandon au Gouverneur Bouët, en même temps qu'il résiliait sa souveraineté aux mains de la France, de la Montagne dite Mont-Bouët et d'un kilomètre carré sur chacune des pointes Clara et Estérias qu'il possède plein droit et par héritage bien qu'il ait autorisé des gens de Corisco de s'y établir.

Il cède également aujourd'hui le terrain qui s'étend entre le Fort d'Aumale et le village de Glass jusqu'à une profondeur de 8 kilomètres dans l'intérieur pour y bâtir et développer le second Etablissement militaire et agricole que veut créer le Gouvernement français.

Les 4 pointes de l'île d'Orléans ou Koniquet sont aussi reconnues par le roi François comme appartenant depuis 1844 à la propriété de la France pour y bâtir telles fortifications qu'il lui plaira[10]

En outre le roi François, à la demande du Commandant Bouët, cède un terrain de 4 kilomètres au Missionnaire Bessieux sur son île pour y faire un établissement.

Les pointes d'Abinda, du roi Georges, de Pongara, etc. seraient également livrées à la France si elle le désirait pour y élever ses bâtiments militaires au besoin.

Fait en double à bord de "l'Aube" dans la rade du Fort-d'Aumale ce 1er août 1846 et ont signé les officiers français, rois ou chefs gabonais dont les noms suivent :

Roi Denis   Roi Georges   Chef Boulabène
Roi Quaben   Roi François

Cdt E. Bouët-Willaumez, Cap. de Vaisseau
    Cdt le "Caraïbe"

Eug. Moquet, Lt de Vaisseau, Cdt "l'Aube"
    Pour copie conforme :

Le Commandant de Vaisseau, Commandant la Division Navale
    des Côtes Occidentales d'Afrique

    E. Bouët-Willaumez

                        Pour copie conforme
                        Le Commandant Supérieur p.i.
                             BOURGAIN

Par son père, Ovènga-Ré-Ngola, le roi François appartenait au clan des Adoni. Sa mère Ngwé-Nanga était issue du clan des Assiga.

---

[10] Ces quatre pointes sont : Ikana, Nkogo, Nomb'ikume et Mbumba.

Source[113]

---

[113] André Raponda Walker, *Notes d'Histoire du Gabon*, Libreville, Raponda Walker, 2008, pp. 66-67.

La littérature historique mentionne bien ces contrats signés entre les chefs Mpongwè et les autorités coloniales de l'époque. « 1844, le chef des Assiga est préoccupé. Il voit avec une méfiance grandissante se poursuivre l'expansion française dans l'estuaire. Quaben a été grignoté. Et voilà que le vieux Glass lui-même, pourtant au mieux avec les Anglais, mais harcelé de demandes, s'est laissé surprendre : traité signé (soi-disant signé) dans la nuit du 27 au 28 mars. Mais dans quelles conditions ! Petit Denis, qui a plusieurs fois servi d'interprète entre les Français et Ré-Ndama, s'est rendu compte que ceux-ci, tour à tour arrogants ou flatteurs, multipliaient les ruses pour venir à bout des réticences du vieux chef[114] ». Cet exemple peut laisser considérer les prémices des facteurs qui conduiront plus tard à des transformations de la vie sociale et politique Mpongwè, et partant du fonctionnement de son système juridique. Ces événements permettent de mieux comprendre les réalités sociales et politiques qui ont pu affecter les chefferies de la communauté Mpongwè.

Le Comité Mpongwè face à ce qu'il jugea comme un abus de la part des Français, réclama alors une indemnisation, en portant le problème entre les mains du tribunal international de La Haye. Une délégation Mpongwè se déplace donc pour les négociations. Soucieux de mener à bien ces négociations avec les autorités coloniales, ce comité décide de nommer à sa tête le prince Félix Adandè, petit-fils du roi Denis. Sachant que le roi Denis fut en son temps en bons termes avec les Français ; l'une des figures commerciales et occidentales présentes à l'époque du Roi Denis. Signalons que les Français ne furent pas les seuls à échanger avec la

---

[114] Elikia M'Bokolo, *Le roi Denis : La première tentative de modernisation du Gabon*, ABC, Paris, 1976, p. 67.

population du littoral, chaque chef de clan ou de village avait donc ainsi des relations plus ou moins privilégiées avec les Français, les Hollandais, les Portugais, les Espagnols, ou les Anglais[115].

Il est important pour la compréhension de tous de garder en mémoire que « le troc avec les populations du littoral fut d'abord l'apanage des Portugais, mais la fin du XVIe siècle vit l'entrée dans l'arène commerciale des Espagnols, des Hollandais, des Anglais et des Français. Les relations commerciales se développèrent pendant plus de trois siècles[116] ». Selon l'oralité, au même moment, constatant que la chefferie du clan Aguékasa de Glass, clan du roi Denis n'avait plus de chef, depuis les années 1930, le comité met ainsi, aussi bien à la tête du comité Mpongwè qu'au trône de la chefferie *Eka* de Glass le prince Félix Adandè. C'est en ce sens que les situations foncières précaires des Mpongwè ont d'une manière participé à la construction d'une unique chefferie Mpongwè ; à l'intérieur de laquelle se regroupent aujourd'hui tous les clans Mpongwè.

---

[115] À ce sujet, lire, André Raponda Walker, *Notes d'Histoire du Gabon*, Libreville, Raponda Walker, 2008.
[116] Daniel Franck Idiata, Anges François Ratanga Atoz et Jean-Marie Hombert, *Atlas des langues et peuples du Gabon*, Libreville, CENAREST, 2012, p. 27.

IV - Règles coutumières de parenté

La parenté est inhérente à la construction de toutes les sociétés dans l'espace et dans le temps. Elle procède à travers la communauté, le clan et la famille, à la distinction et à la reconnaissance pour un individu de ses parents : son père et sa mère, ses frères et sœurs, ses oncles et tantes, ses grands-parents, etc. Tous ces individus assurent des fonctions distinctes, qui régulent et déterminent les rapports entre eux. Dans la conception coutumière Mpongwè, les règles qui régissent la parenté sont à respecter sous peine de sanctions morales car quiconque ne se conforme pas est considéré comme vivant en marge du système de cohésion sociale et représente ainsi une menace pour l'harmonie du groupe. Si un membre de la communauté veut être respecté de tous et vivre en cohérence avec son milieu, il doit respecter et craindre les règles qui régissent sa communauté. Pour les Mpongwè, la conséquence immédiate d'une posture en dehors des règles coutumières affecte l'individu concerné et toute la structure du système de parenté.

Chez les Mpongwè la parenté est d'abord clanique, ce qui conditionne l'existence de la parenté élargie. La communauté est constituée de clans *Mbuwé* s'articulant autour d'un ancêtre lointain commun. À l'intérieur de ces clans se regroupent des lignages *Nagho,* composés de plusieurs branches de familles. Cette composition permet à un individu de se situer dans l'ensemble de la communauté, et d'établir des liens de parenté avec d'autres membres du groupe. Cette construction de la parenté rend la structure familiale très large ; c'est-à-dire qu'elle s'étend au-delà de la famille nucléaire *Inu* d'autant plus qu'elle englobe pour un seul individu la famille paternelle et la famille maternelle, auxquelles s'ajoutent les parents par alliance, les amis et connaissances, tous constituant la famille ou les parents d'un individu : c'est la famille élargie *Ayano*. Comment se constitue alors cette parenté ? Et quelles sont les exigences qui s'imposent à elle chez les Mpongwè ?

1 - L'histoire de la filiation

Pour nous situer sur la définition anthropologique de la filiation, nous allons considérer celle de Maurice Godelier[117] qui considère que « (...) la filiation, c'est l'ensemble des liens qui rattachent des enfants à leurs parents paternels et maternels [118]. Les Mpongwè se reconnaissent aujourd'hui patrilinéaires, ce qui sous-entend pour eux que la règle dit : *Owana ni rériè* « l'enfant appartient à son père ». Par ailleurs, ils reconnaissent avoir été dans le temps une communauté à filiation matrilinéaire. « Bien que la question soit controversée, la patrilinéarité des Mpongwè est considérée comme relativement récente[119] » et cela s'explique selon la tradition orale par plusieurs hypothèses.

Premièrement, les membres de la communauté l'expliquent par le fait qu'en Mpongwè « l'ancêtre éloigné » est appelé *Ozombi*. Pour eux, ce mot se rapprocherait d'*Ezombi Zanwi* qui signifie « sœur ou frère du matriclan, celui qui donne la parenté principale», *et Ogowi yanwi*, « sœur ou frère du patriclan, la parenté en second ». Selon eux, il existait également un mot qui serait très peu utilisé aujourd'hui *Iléndo yanwi* qui signifiait « le frère opposé à la sœur », dans le sens que la parenté du

---

[117] Maurice Godelier, *Métamorphoses de la parenté*, Flammarion, 2010.
[118] *Ibid.*, p. 131.
[119] Raymond Mayer, *Histoire de la famille Gabonaise*, LUTO, p. 79.

frère n'est pas transmise par le matriclan mais par le patriclan, ce serait l'inverse d'*Ezombi*. Anges François Ratanga-Aatoz,[120] notait à ce propos que « (…) le clan et le lignage sont toujours issus d'éléments féminins. Le lignage porte en omyènè le nom de *''Ozombi''*, non dérivé du mot *''Ezombi'',* qui signifie sœur. L'élément féminin est donc ici impliqué et prépondérant. On comprend qu'en régime matrilinéaire tous les pouvoirs aient pour origine la femme [121] ». Ces éléments linguistiques mettent en évidence les marques de la matrilinéarité des Mpongwè autrefois. Comment s'est donc fait le glissement vers la patrilinéarité ?

Deuxièmement, ce serait le fruit d'une transformation plus ou moins récente. Aussi, la tradition orale Mpongwè mentionne qu'à l'époque coloniale, lors des enregistrements administratifs, le colonisateur demandait aux Mpongwè de se présenter avec « *le nom du père* », car les noms qu'ils portaient selon ces derniers ne mettaient pas en évidence leur filiation. À cette époque, comme le mentionnent mes interlocuteurs, au-delà d'appartenir à la mère ou au clan de la mère, chacun avait un non qui lui était propre ; appartenant ou ayant appartenu dans une volonté de pérenniser les défunts à un membre de la famille, du lignage ou du clan. Le nom pouvait également être lié aux circonstances de la naissance ou à celles qui l'ont précédé ; ou être en rapport avec le vécu de la mère ou du père; etc. Le nom racontait toute une histoire.

À cette époque dans la coutume Mpongwè, le père ne donnait pas directement son nom à sa progéniture. Les pratiques administratives coloniales de l'époque auraient donc favorisé l'introduction dans la coutume Mpongwè de

---

[120] Anges François Ratanga Atoz, *Les Peuples du Gabon occidental*, Libreville, Raponda Walker, 2009.
[121] *Ibid.*, p. 200.

la filiation patrilinéaire. Nous pouvons aussi observer à travers cette autre hypothèse comment la présence occidentale et coloniale a influencé et transformé le système de filiation coutumier Mpongwè. Nous voyons bien là deux hypothèses qui peuvent expliquer le passage de la communauté Mpongwè d'une filiation matrilinéaire à un une filiation patrilinéaire. De plus, pour P.-F. Gonidec et A. Bourgi[122], « il semble donc que le choc de deux phénomènes historiques explique en grande partie l'introduction du système patrilinéaire en Afrique Noire. Il s'agit de l'avènement de l'Islam et de la Colonisation. (…) En Afrique, les nouveaux convertis à l'Islam ou au Christianisme vont se soumettre aux règles islamiques ou chrétiennes, notamment en matière de succession aux biens. De même, l'administration coloniale va orienter la jurisprudence dans le sens du système patrilinéaire[123] ».

Une autre hypothèse de la tradition orale Mpongwè énonce qu'à un moment donné de son histoire, la communauté fut affaiblie sur le plan démographique. Sur ce point, certains explorateurs prédirent même leur disparition. Devant cette situation les vieux sages Mpongwè auraient réfléchi et décidé de pratiquer une politique matrimoniale basée sur l'exogamie. Les hommes Mpongwè allaient épouser hors du groupe, c'est-à-dire chez les Benga, Sékiani, Akélè, Fang, etc. Ils assimilaient alors ces femmes venues d'ailleurs en leur donnant des noms des membres de la communauté, et appliquant à la progéniture issue de ces unions l'unique filiation du mari Mpongwè ; instaurant ainsi la filiation patrilinéaire. Tous les enfants issus de ces alliances étaient affiliés au clan Mpongwè.

---

[122] P.-F. Gonidec et A. Bourgi, *Le pluralisme juridique en Afrique (L'exemple du droit successoral sénégalais),* Paris, LGDJ, 1991.
[123] *Ibid.,* p. 114.

De plus, toujours dans un souci de remédier à la crise démographique du moment, les femmes à cette époque faisaient des enfants en union libre avec des hommes d'ailleurs (européens : Français, Allemands, Anglais, Espagnols et Portugais, etc. ; et Africains : Sénégalais, Béninois, Togolais, Nigériens, Ghanéens, Camerounais, etc.). Ces enfants issus des relations non légitimes étaient affiliés au clan de leur mère, donc au groupe Mpongwè. Ces pratiques auraient permis de renforcer la population Mpongwè en nombre et pallier les manquements démographiques que connaissait la communauté à cette époque. C'est là une autre situation qui expliquerait l'instauration du système patrilinéaire chez les Mpongwè. Aussi, l'ouverture aux cultures étrangères, c'est-à-dire, aux populations non autochtones du pays, a pu favoriser et accélérer le processus de transformation du système parental de la communauté.

D'autres éléments peuvent nous édifier à ce sujet. Les Mpongwè évoquent également des épidémies, qui auraient été des facteurs déterminants dans la mise en place du système de filiation patrilinéaire. Selon eux, une épidémie de variole avait décimé les populations tout le long de l'Estuaire, poussant ainsi la réflexion des sages vers la conclusion selon laquelle les rescapés de l'épidémie ne pouvant s'unir entre eux, à cause des liens de parenté devaient changer de système de filiation. Cette hypothèse peut rejoindre dans un sens celle des problèmes démographiques mentionnée ci-avant. Dans la littérature historique, il est effectivement question de cette invasion épidémique qui a affecté l'accroissement de la population favorisant par extension la patrilinéarité. En effet, « il y a eu cette terrible épidémie de variole qui a duré presque un an (1864-1865) et emporté des hommes comme des mouches ; il y a la syphilis, vieille de plusieurs siècles, amenée par les marchands européens, et qui rend les femmes stériles[124] ».

De ce qui précède, il semble évident que le système de filiation matrilinéaire Mpongwè a subi des mutations pour en construire un autre. En effet, Maurice Godelier[125] reconnaît que «toutes les transformations que subit un système de parenté aboutissent toujours (si la société continue d'exister) à l'instauration de rapports de parenté d'un autre type, à l'émergence d'un autre système de parenté. *Les transformations de la parenté n'engendrent jamais autre chose que la parenté*[126] ». «L'évolution historique d'un système de parenté produit toujours un autre système de parenté. La parenté engendre la parenté et n'engendre jamais autre chose[127] ». Mais par contre, de toutes ces hypothèses, il nous serait difficile de mentionner avec exactitude celle qui en serait la principale cause de changement du système de filiation chez les Mpongwè. Entre la présence coloniale, les problèmes démographiques, et les éventuelles épidémies ; elles valent toutes, chacune de manière spécifique, la peine d'être considérées comme un potentiel facteur de transformation du système de filiation Mpongwè.

Ces hypothèses mettent également en évidence les raisons internes ou externes de certaines dynamiques sociales dans les communautés. Les individus sont en perpétuelle interaction, ce qui produit des adaptations, des ajustements et réajustements dans les différents organes de la structure sociale. À propos de la dynamique du social en

---

[124] Elikia M'Bokolo, *Le roi Denis : La première tentative de modernisation du Gabon*, ABC, Paris, 1976, p. 80.
[125] Maurice Godelier, *Métamorphoses de la parenté*, Flammarion, 2010.
[126] *Ibid.*, p. 122.
[127] Maurice Godelier, *Au fondement des sociétés humaines*, Albin Michel, 2007, p. 113.

rapport avec la dynamique du Droit, Lévy-Bruhl [128] reconnaissait que «si le droit émane du groupe social, il ne saurait avoir plus de stabilité que ce groupe lui-même. Or qu'est-ce qu'un groupement humain, sinon une réunion plus ou moins naturelle, volontaire ou fortuite, d'individus de sexe et d'âges différents, groupe qui ne reste jamais semblable à lui-même car les éléments dont il se compose se modifient à tout instant par l'effet du temps[129] ». Les règles coutumières changent, s'adaptent. Pour l'harmonie sociale, le Droit ne devrait pas être en marge de ces mutations. Ces règles coutumières, comme les lois et le Droit existent pour satisfaire des besoins ainsi que réguler le système social tout entier. Le Droit doit considérer et rendre légales dans la mesure du possible et de la cohérence sociale, politique, économique et culturelle, les règles coutumières.

2 - Les règles de filiation

Aujourd'hui, la règle de filiation coutumière patrilinéaire Mpongwè veut que lorsqu'un enfant naît dans les liens du mariage coutumier *Idiomba*, ce soit le père qui donne le nom à cet enfant. Pour précision, André Raponda-Walker[130] mentionnait que « dans la famille au sens strict, l'autorité appartient au père. C'est à lui d'imposer le nom de ses enfants. Ceux-ci lui appartiennent, s'il avait entièrement payé la dot de la femme qui leur avait donné naissance. Dans le cas contraire, l'enfant revenait au clan de la mère[131] ». Cette

---

[128] Lucien Lévy-Bruhl, *Sociologie du droit*, Paris PUF, 1990.
[129] *Ibid.,* p. 31.
[130] André Raponda Walker, *Notes d'Histoire du Gabon*, Libreville, Raponda Walker, 2008.
[131] *Ibid.,* p. 83.

même règle offre également la possibilité à la mère au bout du troisième enfant, d'attribuer à l'enfant, à son tour, un nom de sa famille donc du côté maternel. Par contre, si un enfant venait à naître en dehors des liens du mariage coutumier, qui sont des liens sacrés chez les Mpongwè, et que le père veut que cet enfant porte son nom, ou un nom de sa famille, il doit s'acquitter d'une règle coutumière : *Idandouna wana* « la reconnaissance de l'enfant » et *kolina sina* « le payement du nom attribué à l'enfant ».

Par ailleurs, la loi gabonaise prévoit pour cette question selon l'article 94 du Code civil : « l'enfant légitime ou naturel reconnu par le géniteur a le nom de son père, si ce nom est héréditaire ou si le père en décide ainsi (…)[132] ». Tandis que l'article 95 de ce même code précise que « l'enfant naturel non reconnu par le géniteur portera le nom de la mère, si ce nom est héréditaire, ou si celle-ci en décide ainsi. Dans le cas contraire, le nom de l'enfant sera choisi conformément à la coutume (...) [133] ». Nos interlocuteurs reconnaissent respecter la loi, mais que pour eux, pour ce qui concerne l'article 94, cela reste une situation très délicate à appliquer lorsque les deux géniteurs ne sont pas mariés à la coutume ou encore à l'État civil. L'union, ou du moins l'union coutumier ici, légitime la filiation de l'enfant chez les Mpongwè. Pour eux, reconnaître un enfant sur les papiers civils ne suffit pas. Par contre, selon nos interlocuteurs, il faut noter que, dans les règles coutumières mentionnées ci-avant : *Idiomba* « le mariage coutumier » ; *Idandouna wana* « la reconnaissance de l'enfant » ; et *kolina sina* « le payement du nom attribué à l'enfant », au-delà du fait que le père donne son nom à l'enfant, elles permettent à ce dernier de

---

[132] Pierre Célestin M. Angoue, *Le nom en droit gabonais*, Mémoire de Maîtrise en Droit, Université Omar Bongo, Faculté de droit et des sciences économiques, 2006, p. 13.
[133] *Ibid.*, p. 17.

faire connaître (dans sa famille), et se faire connaître (dans la famille de la mère de l'enfant) officiellement. Il prend ainsi l'engagement d'assumer toutes responsabilités à l'égard de l'enfant. Ces implications ne sont mises en évidence dans les articles 94 et 95 du Code civil.

Nous remarquons dans ces règles qu'il y a une sorte d'invitation à l'engagement et à la responsabilisation. Est-ce à dire que la loi engage moins les individus que les règles coutumières ? Il semblerait aux dires de nos interlocuteurs que ce soit le cas. Les règles coutumières engagent et impliquent plus les individus, du moins pour cet état de fait qu'un article de loi. Est-ce à dire que, si la loi intègre en elle la dimension coutumière, les acteurs s'y attacheront et s'y investiront mieux ? Nous constatons que les règles coutumières occupent une place plus importante que la loi dans le processus de filiation et d'attribution du nom à un enfant. L'argumentation précédente ne dit pas que la loi n'est pas appliquée, elle met juste en évidence l'importance et l'attachement que les individus ont face aux règles coutumières plutôt qu'aux règles établies par la loi. Mais pourquoi un tel attachement à ces règles coutumières ?

Ces règles selon les Mpongwè leur viendraient des anciens, ceux qui les ont précédés, en d'autres termes ce sont les lois de leurs ancêtres *Allong'witché*. Pour eux, ces règles coutumières donneraient le plein pouvoir au père sur l'enfant en bien ou en mal, ce sont des règles qui permettent de contenter la famille de la mère, et surtout ; c'est le plus important d'« *éviter le piège de la sorcellerie* » sur l'enfant. Pour nos interlocuteurs, c'est aussi une manière de protéger l'enfant contre toute menace de mort orchestrée par des d'individus ayant la capacité d'agir sur le plan invisible pour affecter physiquement l'enfant. D'après les membres de la communauté, ces règles protègent l'enfant contre les sorciers. Ils disent également que lorsque ces règles ne sont pas respectées, en cas d'événement heureux ou malheureux concernant l'enfant (mariage, décès, etc.), le père ou la famille paternelle « *n'a pas de force pour parler ; elle n'a rien à dire* ». Dans ce genre de situation, le père et sa famille assistent aux événements mais n'ont aucune autorité et aucune décision à prendre.

Pour mieux comprendre ces systèmes de fonctionnement, Claude Lévi-Strauss[134] nous indique que «la famille reconnaît la filiation en ligne maternelle aussi bien qu'en ligne paternelle, tandis que le clan, ou la moitié, ne tiennent compte de la parenté que dans une seule ligne, qui est tantôt celle du père, et tantôt celle de la mère. On dit alors que la filiation est patrilinéaire ou matrilinéaire. Ces définitions étaient entendues au sens plus strict, comme l'observation des faits invitait d'ailleurs souvent à le faire. Un régime à filiation matrilinéaire ne reconnaît aucun lien social de parenté entre un enfant et son père ; et dans le clan de sa femme - dont ses enfants font partie - , il est lui-même un « visiteur », un « homme du dehors» ou un « étranger». La situation inverse prévaut dans un régime à filiation patrilinéaire[135] ».

Ces règles, sont une protection pour l'enfant, et donnent tous les droits et devoirs de responsabilité au père vis-à-vis de son enfant et restaurent la crédibilité et l'honneur de ce dernier au sein du groupe. Pour les membres de la communauté, elles concèdent ainsi, au père et à sa famille une « *force* », un « *courage* », une « *énergie* » et par conséquent, un «*droit de parole et d'action*» en tout et pour toutes circonstances concernant l'enfant ou qui lui sont liées. Ces règles, *Idandouna wana* et *kolina sina*

---

[134] Claude Lévi-Strauss, *Les structures élémentaires de la parenté*, Berlin, Mouton de Gruyter, 1967, 2002.
[135] *Ibid.*, p. 120.

sont sanctionnées par une petite cérémonie regroupant le père de l'enfant et quelques-uns de ses parents, et la mère de l'enfant et quelques-uns de ses parents. Pendant cette cérémonie, le père remet des présents (quelques pagnes, quelques boissons, quelques francs symboliques) à la famille de la mère de l'enfant pour conclure et sceller *Idandouna wana* « la reconnaissance de l'enfant » et *kolina sina* « le payement du nom attribué à l'enfant ».

Donc soulignons bien ici que, les règles présentées ci-avant ne sont valables que lorsque les deux parents de l'enfant ne sont pas mariés à la coutume, car après le mariage coutumier tous les doits reviennent au père. Aussi, à ce sujet Michel Jouin[136] nous expliquait que « lorsqu'une femme n'a pas été dotée, le géniteur peut néanmoins reconnaître les enfants en versant un rachat au clan de la femme. C'est un équivalent symbolique de la dot. (…) Le rachat versé, les enfants appartiennent au clan du père et acquièrent ainsi le droit d'hériter du clan paternel. La légitimation peut être tardive et avoir lieu une fois les parents décédés[137] ». Toutes ces règles de parenté lorsqu'elles sont ou ne sont pas respectées peuvent autant unir que diviser les membres d'un clan, d'un lignage, ou d'une famille et affecter l'harmonie sociale. Les deux photos ci-après nous présentent pour la première une cérémonie de *Idandouna wana* « la reconnaissance de l'enfant » et *kolina sina* « le payement du nom attribué à l'enfant »; et pour la deuxième un exemple de biens symboliques offerts à la famille maternelle pour la circonstance.

---

[136] Michel Jouin, *La terminologie de parenté Mpongwè*, Office de recherche scientifique et technique d'outre-mer, 1973.
[137] *Ibid.*, p. 8.

Cérémonie de *Idandouna wana* « la reconnaissance de l'enfant » et *kolina sina* « le payement du nom attribué à l'enfant ».

Exemple de présents symboliques apportés pour la circonstance.

Dans l'entendement et la coutume Mpongwè, les parents seraient les dieux vivants d'un enfant. Cela s'illustre par « un proverbe commun à toutes les langues gabonaises « le père est le dieu de l'enfant »[138] ». Ils représenteraient la courroie de transmission entre les ancêtres et l'enfant. Dans la coutume Mpongwè, le respect et l'obéissance aux parents sont des règles très importantes à respecter et appliquer en tant qu'enfant « *si l'on veut espérer des jours prospères sur terre.*» Quant aux parents, la coutume leur exige vis-à-vis de leurs enfants, l'éducation et la protection. Ce rapport prévoit sur le long terme une réciprocité des enfants vis-à-vis de leurs parents une fois ces derniers âgés, et en incapacité de se prendre en charge. Pour nos interlocuteurs, c'est un système d'échange mutuel qui entraîne un ajustement, un équilibre social, et permet à chacun de vivre toujours dans un foyer chaleureux.

L'autorité parentale dans la coutume Mpongwè, dans une famille nucléaire est hiérarchisée de la manière suivante. Le père est le garant ; le responsable et le chef de famille ; suivi de la mère ; puis du fils aîné de l'union si celui-ci a dépassé la majorité, ou dans le cas contraire, le ou les frères du père. Cette règle s'applique dans la coutume Mpongwè si seulement, le père a rempli les formalités coutumières qui lui donne le pouvoir et l'autorité à savoir : *Idiomba* « le mariage coutumier » ; *Idandouna wana* « la reconnaissance de l'enfant » ; et *kolina sina* « le payement du nom attribué à l'enfant ».

Ainsi, selon la coutume, à travers la dot, la reconnaissance des enfants et le payement de leurs noms, ces derniers sont affiliés au clan de leur père, car les enfants issus du mariage coutumier *Idiomba*, et dont il a

---

[138] Raymond Mayer, *Histoire de la famille Gabonaise*, LUTO, 2002 p. 169.

été fait *Idandouna wana* et *kolina sina* sont légitimes. Par ailleurs, cela n'empêche pas que ces enfants restent parents et aient des liens avec leur famille maternelle, car « la vie de l'enfant, chez les Ng'Omyènè, est ainsi rythmée par des interférences des deux clans parentaux. Naissance, mariage et mort nécessitent ainsi l'assistance de ces deux éléments à l'origine de la famille[139] ». Existant toujours une exception à la règle, « dans les sociétés patrilinéaires les mères et les parents maternels sont souvent un recours quand les pères et les parents paternels n'apportent pas une sécurité suffisante, dans les sociétés matrilinéaires c'est plutôt l'inverse[140] ».

Entre autres, chez les Mpongwè, lorsque l'on s'étend au-delà de la cellule nucléaire et que l'on rentre dans le lignage par exemple, l'autorité revient à l'oncle paternel, qui règle les problèmes qui dépassent les limites de la famille nucléaire et doit s'assurer du respect des us et coutumes. Par ailleurs, le chef du clan ou l'autorité du clan est celui qui a été désigné par le clan ou la communauté ; il est encore sollicité actuellement lors des mariages ou décès, mais peut être remplacé par le chef de quartier, le maire, l'avocat, etc. Chaque problème à résoudre étant affilié à une autorité administrative bien précise. Les règles et principes coutumiers chevauchent donc entre modernité et coutume, au risque de produire parfois des insatisfactions quant à la résolution de certains conflits. Par exemple, un de nos interlocuteurs déclare à propos de la loi qui accorde la possibilité au père géniteur de reconnaître et de donner son nom à son enfant que : *« le fait d'acheter un trousseau ne te donne pas le droit de donner un nom. C'est comme donner une responsabilité à*

---

[139] Anges François Ratanga-Atoz, *Les Peuples du Gabon occidental*, Libreville, Raponda Walker, 2009, pp. 201-202.
[140] Michel Alliot, *Le droit et le service public au miroir de l'anthropologie*, Paris, Karthala, 2003, p. 60.

un inconnu. Si on ne le connaît pas devant la coutume, il n'a aucune responsabilité et ne doit pas donner son nom. S'il arrive qu'il le fasse… ça c'est pour la loi, ça ne vaut rien devant la coutume…»

La coutume Mpongwè admet que dans un couple non marié à la coutume, c'est la mère et son clan qui donnent le nom à l'enfant. Pour que le père donne le nom à un enfant hors union coutumière, il doit appliquer la coutume. Dans ce cas, la coutume impose, selon l'âge et le sexe de l'enfant des pénalités différentes. Mais pourquoi ces règles coutumières de parenté sont si importantes pour ceux qui les appliquent ? À ce questionnement Robert Deliège[141] nous propose une explication simple. Il considère que « dans toute société humaine, les relations biologiques sont des catégories élémentaires qui permettent à l'homme d'identifier et d'ordonner ses relations sociales. Partout, en effet, des hommes sont conçus par leurs pères et mis au monde par leurs mères. Ces relations biologiques s'offrent, dès lors à tous les hommes comme catégories toutes faites pour se différencier les uns des autres[142] ».

3 - Terminologie parentale

Chez les Mpongwè, la terminologie parentale était dans un passé pas si lointain classificatoire[143]. Avec l'ouverture à la culture occidentale, elle est devenue descriptive[144]. Mais en pratique, nos interlocuteurs mentionnent que

---

[141] Robert Deliège, *Anthropologie de la famille et de la parenté*, Paris, Armand Colin, 2011.
[142] *Ibid.*, p. 12.
[143] La parenté classificatoire utilise un même terme pour désigner plusieurs parents rangés par catégorie bien précise.
[144] La parenté descriptive désigne par un terme précis chaque parent du groupe.

l'utilisation de la parenté classificatoire se fait encore lorsqu'il s'agit de traiter des problèmes ; lors des cérémonies telles que les deuils, les mariages, etc. Ce sont des occasions où, par exemple, tous les parents de « ego » sont dénommés père pour les parents du père et mère pour les parents de la mère. Michel Alliot[145] nous détaille bien cette question en nous expliquant que : « dans les Droits originellement africains, les individus ont généralement beaucoup plus de pères et de mères (et corrélativement beaucoup moins d'oncles et de tantes) qu'en Europe. Tous les frères du père d'un individu sont aussi ses pères, toutes les sœurs de sa mère sont aussi ses mères. Souvent le rapport paternel ou maternel est encore multiplié : les sœurs des pères sont des pères-femmes et les frères des mères des mères-hommes. À la limite dans certaines sociétés tous les parents par le père sont des pères (hommes ou femmes) et tous les parents par la mère sont des mères (hommes ou femmes). Il arrive même que les habitants du village d'origine du père ou de son père soient tous des pères, tandis que ceux du village d'origine de la mère ou de sa mère sont tous des mères[146] ».

De plus, il nous fait remarquer que « tout membre du lignage paternel d'un Africain a donc pour père, et tout membre de son lignage maternel pour mère, un de ses « parents en ligne directe ». Dès lors, rien de plus simple que de respecter la règle de l'exogamie : il suffit qu'aucun de ses « pères » et « mères » du conjoint ne soit un « parent en ligne directe ». Voilà une règle à la portée de l'individu le plus simple, car chacun connaît tous ses « pères » et « mères », tous ses « grands-parents », tous ses « bisaïeuls » ![147] ». Avec l'influence de la culture

---

[145] Michel Alliot, *Le droit et le service public au miroir de l'anthropologie*, Paris, Karthala, 2003.
[146] *Ibid.*, p. 60.
[147] *Ibid.*, p. 42.

occidentale, aujourd'hui, la parenté classificatoire laisse place à la parenté descriptive. Les parents de « ego » sont nommés : *tante, oncle, frère, neveu, cousin* etc. Les terminologies parentales permettent à « ego » de se situer et de situer les autres au sein du groupe auquel il appartient. Pour Maurice Godelier[148], c'est « (…) un vocabulaire particulier permettant à un individu quelconque, spécifié seulement par son sexe, de s'adresser à d'autres individus qui lui sont apparentés de diverses façons ou de décrire les liens de parenté qui relient entre eux des individus qui lui sont ou ne lui sont pas personnellement apparentés[149] ».

Pour plus de compréhension sur la question de terminologie parentale, Robert Deliège[150] nous propose également de noter qu'«il existe une logique interne aux terminologies de parenté. Les termes de parenté tendent tout d'abord à être des catégories sémantiques ; à partir d'un vocabulaire limité, ils permettent de désigner des dizaines, voire des centaines de sujets. Certaines de ces catégories sont très vastes ; c'est, par exemple, souvent le cas de l'oncle maternel, l'allié par excellence, nommé par un terme qui peut s'appliquer à de très nombreux individus, à savoir tous les hommes de la génération de la mère qui appartiennent à son groupe. Elle repose donc sur des règles d'extension qui, en dernière analyse, découlent du principe d'unité structurale des germains. Tous les membres d'un groupe tomberont dans la même catégorie : ainsi, tous les frères d'un oncle sont mes oncles. Les termes sont, dès lors, unis dans une relation d'interdépendance et c'est pour cette raison que l'on peut

---

[148] Maurice Godelier, *Métamorphoses de la parenté*, Flammarion 2010.
[149] *Ibid.*, p. 118.
[150] Robert Deliège, *Anthropologie de la famille et de la parenté*, Paris, Armand Colin, 2011.

parler de la «structure interne» d'une terminologie. Les termes qui la composent découlent les uns des autres : si j'appelle « père » le frère de mon père, il est logique que son fils soit mon «frère», de même, si un homme que j'appelle «père » appelle une femme «mère», cette dernière sera ma grand-mère. Il y a donc des règles de déduction qui permettent d'utiliser le vocabulaire de parenté[151] ».

---

[151] *Ibid.*, pp. 32-33.

V - Règles coutumières de mariage ou d'alliance

Pour les Mpongwè, les règles coutumières maintiennent la cohésion sociale. Les règles de l'union renferment le maintien de la stabilité du foyer, et offrent un équilibre à la progéniture. Le mariage coutumier *Idiomba* est une convention sociale qui installe les premières bases de la famille nucléaire, du lignage, du clan, de la communauté, et par extension de toute la société. Le principe du mariage coutumier, en plus d'être une institution sociale et morale, chez les Mpongwè c'est aussi un moyen d'agrandir la famille et de créer des liens. Les deux familles des conjoints sont ainsi unies par les liens sacrés du mariage coutumier. L'alliance des deux familles favorise et accroît les alliés. Les hommes s'unissent pour avoir plus de « *force* ». Que préconise alors la coutume Mpongwè dans le domaine de l'alliance ?

1 - Les règles de conduite matrimoniales

Que les conjoints soient mariés ou pas, ils se doivent selon la coutume un respect mutuel et réciproque, assistance dans les différents évènements heureux et malheureux. Aussi, ils se doivent conseils préventifs l'un envers l'autre. Ils doivent aussi chacun pour sa part avoir un comportement exemplaire auprès de *la belle-famille*. Le respect à *la belle-famille* est très important chez les Mpongwè surtout venant de la part de la future mariée pour qui *la belle-famille* attend serviabilité et amabilité. Ce sont là des rapports d'échange, qui veulent selon la coutume que l'on fasse chez autrui ce que l'on voudrait que l'on fasse chez soi. L'apport et la participation de chacun peuvent être de toute sorte : matériel, physique, financier, etc. D'autre part, pour l'harmonie du couple, la coutume veut qu'en cas de problème dans le couple, ce dernier se règle en toute discrétion «*dans la chambre*» afin d'entretenir la complicité matrimoniale. Ces comportements prévalent également pour un couple qui ne vit pas encore sous le même toit.

2 - Les règles du mariage coutumier

Selon nos interlocuteurs, le mariage coutumier *Idiomba,* chez les Mpongwè est plus important que le mariage d'État civil. Pourtant les Mpongwè ne nient pas se soumettre à ce mariage qu'ils appliquent selon eux, afin d'être en règle devant la loi face à des questions de succession et d'héritage. Les récits ci-après l'expliquent assez bien. Dans la tradition, le mariage coutumier au-delà d'unir deux personnes pour fonder une famille, unit deux familles, deux clans, et même deux villages, c'est l'acte le plus important à poser en terme d'alliance chez les Mpongwè. Les quelques récits suivants nous le font bien comprendre.

« *Nous sommes mariés ma femme et moi à la coutume depuis 1981, et à l'État civil seulement depuis 2009. Nous expliquons cet écart d'années entre les deux mariages par le fait que le mariage coutumier a plus de valeur, que le mariage moderne, qui lui ne représente pour nous qu'une formalité qui nous permet d'être à l'abri des désagréments qui peuvent surgirent en cas de mort de l'un d'entre nous...* ».

« *Si un couple décide de se marier à la mairie, pour la coutume ce mariage n'a pas de valeur, car pour la coutume c'est une procédure à l'envers. La démarche coutumière veut que la première formalité à remplir soit coutumière, ensuite peu importe les formalités qui peuvent* être réalisées plus tard. Je veux parler du mariage à l'État civil. Cette formalité peut être réalisée sans la présence des parents, c'est l'affaire du couple ; mais par contre il y aura un problème de bénédiction des parents dans ce cas, car chez nous, la parole a une force. Ce n'est pas le maire qui donne la bénédiction... ; elle vient des parents... »

« *Au cours du mariage coutumier, quand la jeune fille donne son consentement au mariage, elle parle à son père, c'est à lui qu'elle dit ''papa j'accepte le mariage'' ''tata ma diviri Idiomba''. C'est une manière de demander la permission et l'autorisation à son père et d'en recevoir le consentement et la bénédiction de la part de ce dernier. Tandis qu'à la mairie c'est au maire qu'elle dira ''oui je le veux monsieur le maire'' ! Mais le maire, ce n'est pas son parent...*».

Une mariée Mpongwè demandant l'autorisation et le consentement de son mariage à son père. Cette dernière s'abaisse en remettant à son père une bouteille d'alcool et un franc symbolique en disant : « *papa j'accepte le mariage* » « *tata ma diviri Idiomba* ». Son père prend les présents symboliques et la relève en signifiant ainsi son accord et sa bénédiction pour ce mariage.

Pour les membres de la communauté, le mariage coutumier ne peut pas se célébrer sans la présence des parents ; celle-ci est absolument nécessaire et indispensable, car autrement dit le mariage n'a pas de considération à leurs yeux. La coutume Mpongwè conçoit que ce sont les parents qui marient les enfants et personne d'autre. Les Mpongwè considèrent que lors d'un mariage célébré à la mairie, les deux adultes peuvent ne pas être accompagnés de leurs parents ; le consentement des parents n'étant pas nécessaire ; cela peut se faire sans eux.

Le mariage coutumier exige des règles coutumières spécifiques à respecter. En effet, à chaque étape de la vie d'un couple chez les Mpongwè correspond une règle à respecter, ainsi, il faut faire en premier : *Idiria so goli*, « attacher la corde ». Cette pratique était réservée aux adolescents, ou même à un bébé encore dans le ventre si à sa naissance celui-ci était une fille. C'était une manière de stipuler une intention de mariage ; de réserver la jeune fille. Cette intention devenait effective par la rencontre entre les deux familles (nucléaire) ; durant laquelle, la famille du prétendant apportait à la famille de la jeune fille quelques présents symboliques pour déclarer l'intention de leur fils. C'était une procédure qui n'engageait aucune des deux jeunes personnes, elles pouvaient toujours rompre sans problème. Cette règle s'applique aujourd'hui le jour même du mariage coutumier si elle n'a pas été respectée au préalable. Notons qu'aujourd'hui, cette règle n'engage plus les adolescents ni les bébés.

Ironda ou *Ibowina si Ronda* «l'amourette» est plutôt le fait pour le jeune homme de se présenter avec quelques présents symboliques auprès des parents de celle qu'il envisage plus tard prendre comme femme. C'est une façon d'officialiser leurs rapports ; en d'autres termes c'est l'officialisation du concubinage. Cela est considéré comme la première étape d'une union. Idem, c'est une règle qui s'applique aussi lors du mariage coutumier si elle n'a pas été faite.

Ibella «la promesse de mariage» est à considérer comme des fiançailles. Cette règle donne l'autorisation au jeune homme de fréquenter la jeune fille la journée chez ses parents. C'est une petite cérémonie qui va regrouper les familles élargies des deux fiancés. Il est important de mentionner qu'à ce stade, certes la relation devient sérieuse, mais la promise reste toujours dans le foyer de ses parents. Pareil pour cette formalité, si elle n'a jamais été faite, elle devra être appliquée pendant le mariage coutumier.

Igambo Tembè : « l'autorisation pour une jeune femme d'aller habiter sous le toit d'un homme ». C'est une règle qui s'adressait à des femmes ayant déjà dépassé la trentaine, et vivant encore dans le foyer de ses parents. C'est aussi une régularisation du concubinage. Aujourd'hui, lorsque cette règle est appliquée le jour du mariage ; elle représente un adultère symbolique que le futur mari doit payer par des présents symboliques au grand-père de la future mariée, car dans la tradition, le grand-père est considéré comme « *le premier mari* ».

En somme, toutes ces règles sont conditionnées par la rencontre entre deux familles qui scellent des liens par la remise de présents symboliques à la famille de la future mariée. Si toutes ces règles ne sont pas appliquées avant le mariage coutumier, elles le sont obligatoirement le jour du mariage. Le mariage coutumier proprement dit *Idiomba* est la dernière règle qui vient clore toutes les autres règles du protocole matrimonial. En effet, elle donne du sens et rend légitime le mariage aux yeux des deux familles ainsi qu'à ceux des deux conjoints.

Reste enfin une autre étape importante à faire : *Iboumba so Wanto,* « le dépôt de la mariée dans son foyer conjugal. » Cela se produit souvent après au moins une ou semaine du mariage coutumier. Cette règle consiste à déposer la mariée dans sa résidence matrimoniale. Le couple reçoit des bénédictions *Okossa* avec une plante spécifique appropriée pour la circonstance *Okossa Kossa* « Costus afer ou Lucanusianus ». « Appuyé par l'invocation des ancêtres les nouveaux époux reçoivent le jus d'Okosa-kosa (costus lucanusianus), un amome cannelé, que l'officiant aura sucé et craché sur leurs mains jointes. Cette plante aura été fraîchement arrachée au sol avec ses racines. Le rituel se termine par l'application de *Mpèmba* (kaolin blanc) sur les fronts et les avant-bras des époux. (…) À propos de la bénédiction, il faut rappeler que celle-ci est un acte essentiel dans la société Mpongwè au point que jadis aucun enfant ne pouvait quitter son village sans avoir reçu la bénédiction de ses parents. On le faisait passer sous les jambes de ces derniers et on lui disait de partir sans se retourner en l'assurant que les ancêtres l'accompagnaient[152] ». Cette plante est souvent remise à la jeune mariée afin qu'elle la plante dans son foyer pour lui assurer sécurité et stabilité. Ses parents lui remettent également d'autres plantes, symboles de fécondité : *Nkoma* ou *Oyila wi Nkoma* « Monocotylédone Arécacées », et *Ntina Itoto* ou *Ntina Ikondo* « Monocotylédone vivaces Musaceae ».

---

[152] Fondation des quatre saisons, *Le mariage coutumier Mpongwè*, Libreville, Les cahiers culturels, 2012, p. 48.

Okossa Kossa « Costus afer ou Lucanusianus ».

Ntina Itoto ou *Ntina Ikondo*
« Monocotylédone vivaces Musaceae ».

Nkoma ou *Oyila wi Nkoma* « Monocotylédone Arécacées ».

3 - Le protocole du mariage coutumier

Le mariage coutumier est une cérémonie qui selon la coutume doit se passer chez les parents de la promise. Dans une cour aménagée pour la circonstance devant un public, une assemblée composée des deux familles des futurs mariés. Ces deux familles, celle de l'homme et celle de la femme se tiennent assises face à face. Comme le montre l'exemple sur la photo ci-après.

Assemblée des familles lors d'un mariage coutumier Mpongwè.

C'est une cérémonie qui se déroule le plus souvent pendant la saison sèche. Les pluies n'étant pas prévues en cette période de l'année. Elle commence habituellement dans la journée, en après-midi, souvent à 14 h ou 15 h pour durer trois au quatre heures, comme le veut la coutume, car « *la femme doit être remise à son mari avant le coucher du soleil* » ; qui se produit entre 18 h et 18 h 30. Ensuite peuvent suivre les réjouissances et la fête. C'est une cérémonie qui est officiée par deux hommes de parole, « ceux qui savent parler en public » ; les orateurs *Okambi* qui représentent respectivement l'un la famille de la femme et l'autre celle de l'homme. Lors de cette cérémonie, il va se produire entre les deux hommes, une sorte de « *jeu* » de mots, « *jeu* » de paroles. Le discours produit par ces deux représentants est jalonné de proverbes, de blagues, d'attrape-nigauds et d'ironies fondés de sens profond.

Quelques proverbes et interjections utilisés par les Okambi

Tcho wa diéni mpolo aré mbè, éminia nè aré gho bongué mandè : « si tu vois un vieillard s'accroupir ou se courber c'est qu'il a quelque chose à ramasser ». Autrement dit : « les actes posés par les vieilles personnes ne sont pas anodins ; quand ils posent un acte, ce dernier est mûrement réfléchi ».

Nkani ko penda éréré diongo ni mpio : « quelle que soit la grandeur de la maladie, le remède ou le médicament ne se boit jamais chaud ». Le raisonnement caché derrière est : « il faut savoir prendre son temps, rien ne sert de courir, il faut partir à point ; il faut réfléchir avant d'agir ».

Tcho wa diéni didi, boulianè épouwé zakoki mbéla : « si tu constates un silence, c'est une question qui nécessite une réponse ». Autrement dit : « c'est une question implicite ; la balle est dans ton camp ; c'est à toi de voir ».

Orèty épilé gho réma : « la vérité vient du cœur » ou « un homme parle de l'abondance de son cœur ».

Ntogholo ébonda ka ghéghombèzè : « le piment ne mûrit qu'à son époque ». Entendons « chaque chose en son temps ».

Ogamb'ambia mi diango ko manda : « les bonnes choses ne se font qu'au jour pas dans le noir » ou encore « il faut faire les choses à la vue et au su de tout le monde ».

Idjouké si diani sé kové mbia : « la souffrance d'un accouchement engendre le bien. » Il faut comprendre « de la souffrance naît le bien » ou encore « après la pluie, le beau temps ».

Orèty mpoué : « la vérité est glissante ». Entendons « la vérité finit toujours par triompher ».

Okambi né mépiz'élombè : « un orateur ne sait que parler et obéir à la parole ». Entendons « la parole guide l'orateur, c'est par elle que tombe la bénédiction et la malédiction ; elle est au centre de tout ».

Issakilia sé djivo ni kèma sé posswa gho kongo wi djogou : « les fruits que secouent les singes sur les arbres tombent toujours sur le dos des éléphants ». En outre, « les problèmes que créent les enfants retombent toujours sur les parents ».

Miè azélé : « le moi n'existe pas ». « Personne ne possède la science infuse » ; « Tout seul on arrive à rien ».

Omédou ka n'ikotizi sè : « à chacun son raisonnement ». Les Mpongwè entendent par-là « nous avons des visions différentes de la vie ».

Nguélé aré dian'ongwan'obia : « la querelle n'accouche pas un bout d'enfant ». Autrement dit : « le conflit n'engendre aucune solution, c'est de la discussion que jaillit la lumière ».

Oma wa niéni ézanga na miéni : « l'homme qui a mangé le sel c'est lui qui sait tout ». Comprenons : « les aînés savent souvent ce qu'ils disent, leurs paroles ne sont pas fortuites ».

Lé ndonio k'otonda : « ce que tu ne peux pas accepter, autrui aussi ne peut l'accepter ». Simplement, « ne faites pas à autrui ce que vous ne voulez pas que l'on vous fasse ».

Diomba lembo !lembo ! : « *Mariage conclu ! Conclu !* ».

Ces proverbes représentent pour les *Okambi* une bibliothèque dans laquelle ils vont puiser pour célébrer un mariage. Soulignons qu'à chaque événement correspondent des proverbes bien précis. Ainsi donc, lors d'un confit, un décès ou toute autre circonstance, les proverbes prononcés ne seront pas les mêmes. Ils doivent être adaptés à la circonstance et être cohérents par rapport à la situation en présence. Ces proverbes sont des codes non écrits que les *Okambi* citent tels des articles d'une loi écrite. Selon les Mpongwè, ce sont des références à la sagesse des ancêtres dont nul ne peut contester l'objectivité, si ce n'est les contourner par d'autres proverbes qui viendraient les contredire.

Un *Okambi* en plein exercice oratoire, lors d'un mariage coutumier Mpongwè.

Les parents occupent une place très importante dans la consécration du mariage coutumier chez les Mpongwè. S'il arrive que les futurs mariés aient des liens de parenté ; dans ce cas la coutume prévoit d'appliquer *Idiona si Ndjani* « renoncer à la parenté ou tuer la parenté ». Aussi, si leur relation préalable a donné naissance à un enfant ; le père se doit d'appliquer les règles coutumières qui légitiment la parenté *Idandouna wana* et *kolina sina*, et d'alliance *Idiria so Goli*, *Ironda* ou *Ibowina si Ronda*, *Ibella*, et *Igambo Tembè* ; si elles n'ont pas été appliquées au paravent. Elles sont toutes imposées le jour du mariage coutumier *Idiomba* sous forme de pénalités ou d'amendes à payer par le prétendant.

Aussi, il faut souligner que les pénalités vont en augmentant en fonction du temps mis sans accomplir les règles *Olingo* « relation clandestine ». Ces règles prévues par la loi coutumière sont sanctionnées par la remise des présents devant l'assemblée, qui va valider et légitimer les nouveaux statuts des protagonistes. C'est, selon les membres de la communauté une occasion de régulariser toutes les situations irrégulières et ambiguës. Pour les Mpongwè, la mise en pratique des règles de la coutume met les individus à l'abri d'éventuels problèmes et les protège.

Les présents qui constituent *la dot* [153] *Assanogo Midiobma* apportée par la famille du jeune homme lors de la cérémonie de mariage coutumier ne doivent pas être extravagants, car la dot n'est pas remboursée. Chez les Mpongwè, il ne s'agit pas d'une vente ou d'un achat de femme. En effet, l'un de nos interlocuteurs nous

---

[153] Il faut signaler que le mot dot a un sens bien particulier dans la société gabonaise. Quand le dictionnaire Larousse mentionne que « *la dot* est *l'argent ou bien, biens qu'une femme apporte en se mariant* » ; au Gabon c'est plutôt l'argent et les présents symboliques que le gendre apporte le jour du mariage coutumier pour sa belle-famille.

l'explique comme suit: « *la femme est une richesse inestimable, les parents de cette dernière ne demandent ainsi qu'une compensation symbolique par rapport à la peine que leur occasionne l'évènement, car leur fille ne sera plus tout à fait rattachée et présente comme avant dans sa famille, son lignage, ou son clan. Sa présence et son dévouement se feront désormais plus dans la famille, le lignage et le clan de son mari. C'est un bien précieux que l'on donne aux autres et que l'on est aussi appelé à recevoir...donc Assanogo Midiobma c'est juste symbolique...* ».

C'est donc en cela que la dot n'est qu'un symbole ; car aucun bien, aucune somme d'argent ne peut combler ou compenser la valeur d'une vie humaine. C'est donc le symbole de l'union et de l'alliance des conjoints ; de leurs familles, de leurs lignages ainsi que de leurs clans. Les membres des familles, lignages et clans vont devenir respectivement, les uns pour les autres des «beaux-parents» *Ogoyi*. La dot est distribuée dans la famille, le lignage et le clan de la jeune fille. Le plus souvent, les parents géniteurs de celle-ci ne reçoivent pas « *grand chose* », car dans la coutume, « *l'enfant appartient au clan, ou lignage, avant d'appartenir à sa famille.* » Aussi, Anges François Ratange Atoz[154] considère que « la dot, Idyomba ou Ikwèliki est ainsi symbole de reconnaissance d'un nouvel état civil ; elle est donc conscience positive du nouveau statut de la femme. Un enfant étant le produit de deux êtres, ce sont les deux familles qui perçoivent la dot, avec prééminence des parents de la mère dans les pays à régime matrilinéaire, ou ceux du père dans les régimes patrilinéaires, l'enfant appartenant plus à une famille qu'à un individu[155] ». De plus, il cite l'un de ses

---

[154] Anges François Ratanga-Atoz, *Les Peuples du Gabon occidental*, Libreville, Raponda Walker, 2009.
[155] *Ibid.*, p. 282.

interlocuteurs : « la dot, à en croire certains de nos informateurs, est un moyen pour l'homme de montrer sa détermination à prendre femme. Elle valorise donc en même temps, aux yeux des deux familles, les époux. L'homme, par sa capacité de donner des compensations à la belle-famille pour l'être qu'il soustrait, s'impose en tant qu'interlocuteur valable, la femme corrélativement n'en est que plus appréciée et valorisée aux yeux du monde qui l'entoure[156] ».

Par ailleurs les membres de la communauté précisent par rapport aux biens symboliques du mariage que : « la communauté Mpongwè a codifié les statuts des couples depuis la nuit des temps. Mais au fil des années, nos us et coutumes ont intégré, du fait de la colonisation, des éléments inexistants dans l'environnement de nos anciens, au moment où les institutions traditionnelles qui organisent notre communauté ont été mises en place. Ces éléments étrangers sont devenus tellement dominants que toute personne non avertie peut facilement conclure que les unions des couples chez les Mpongwè sont des apports de la colonisation. Quelle insulte à la mémoire de nos ancêtres ! Il en est ainsi de l'argent, des alcools et des diverses marchandises qui composent actuellement les offrandes qui scellent les unions des couples[157] ». La question de la présence d'éléments étrangers dans les présents constituant la dot a été observée également dans d'autres communautés. En effet, Raymond Mayer[158] souligne également en citant Brazza que « selon le même Brazza, au XIXe siècle, chez les Obamba, « la dot se compose de : moutons, chèvres, lingots de fer, bracelets de

---

[156] *Ibid.*, p. 284.
[157] Fondation des quatre saisons, *Le mariage coutumier Mpongwè*, Libreville, Les cahiers culturels, 2012, p. 7.
[158] Raymond Mayer, *Histoire de la famille gabonaise*, Libreville, LUTO, 2002.

cuivre, pointes de sagaies, colliers de perles, étoffes du pays, sel et quelques rares marchandises d'Europe[159] ».

De plus, « la ''dot'' a été officiellement interdite ; mais, comme nous le verrons, sa pratique s'est bien poursuivie, et même dans certains cas, a donné l'impression de prospérer[160] ». Dans ce sens Justine Elo Mintsa et Grégory Ngbwa Mintsa[161] mentionnent et nous font remarquer que, « en 1963, le président Léon Mba a supprimé la dot. Près de quarante ans après, personne ne songe à se marier, ni à être épousée sans dot. Même pas les juges qui condamnent ceux qui reconnaissent avoir versé une dot pour se marier. (…) Un simple décret ne peut pas changer les structures mentales héritées d'une longue tradition. La loi qui oblige un père non marié à reconnaître un enfant, par exemple, part d'une bonne intention : l'enfant doit avoir un père et une mère pour son équilibre affectif et sa bonne intégration sociale. Les parents, eux, doivent assumer leur responsabilité vis-à-vis de l'enfant. Mais cette loi ignore ce qu'avait prévu notre tradition : un enfant né hors mariage appartient aux parents de sa mère. Pourquoi ? Parce que c'est le mariage qui confère la filiation[162] ». Voilà qui résume bien et nous fait comprendre encore une fois de plus l'attachement des Mpongwè aux règles coutumières.

---

[159] *Ibid.,* p. 196.
[160] *Ibid.,* p. 180.
[161] Justine Elo Mintsa et Grégory Ngbwa Mintsa, *Protocole du mariage coutumier au Gabon*, Libreville, Polypress, 2003.
[162] *Ibid.*, pp. 84-86.

Un exemple de dot aujourd'hui.

Si les conjoints veulent se séparer, ils sont libres de leur choix. Mais avant cela, la coutume prévoit des règles à respecter pour valider la séparation d'un couple marié à la coutume. Le jour du mariage, la mariée est confiée à un membre de la famille de son mari, souvent plus âgé que les époux, pouvant être un homme ou une femme. C'est celui ou celle qui sera « le mari du jour » *Ono Owanda*. Il ou elle aura le devoir d'écouter et de conseiller le couple dans les éventuelles difficultés qu'ils pourront rencontrer dans leur vie conjugale. Ce « mari du jour » a la responsabilité de résoudre les différends qui se présenteront au dans le couple avant que ceux-ci n'arrivent à la connaissance des deux familles des conjoints. Ainsi, en respectant cette règle, qui consiste en se faire conseiller face aux problèmes, si ces derniers ne se dissipent pas, alors seulement intervient la deuxième étape, qui veut selon la coutume que la femme quitte le foyer matrimonial pour celui d'un parent de son mari, mère, sœur, frère ou «le mari du jour».

Ensuite, la femme pendant son séjour (une, deux, trois semaines ou un mois) chez ses beaux-parents, si son mari ne manifeste aucun intérêt pour elle, cette dernière peut maintenant rejoindre sa famille. La règle coutumière veut dans cette circonstance, qu'elle soit accompagnée de sa belle-famille : « *on va la remettre à ses parents* » et pour les Mpongwè, *Iwonga noma Iviniza noma,* « le chemin emprunté pour l'acquisition est le même pour la restitution ». Toutes les procédures ci-avant sont à appliquer avant d'envisager la dernière, qui elle, est la séparation définitive entre deux conjoints. Si ces mesures ne sont pas respectées, en cas de mort de la femme, selon la coutume, c'est le mari qui assume toutes les responsabilités car elle continue à être sa femme devant la coutume dans la mesure où elle n'a pas été ramenée chez ses parents. Cela vaut également en cas de décès du mari.

VI - Les règles coutumières de succession

Avant de parler de succession, il faut au préalable qu'il y ait un décès. Dans la coutume Mpongwè il est prévu des normes à appliquer et à respecter en cas de mort. La tradition orale Mpongwè mentionne que dans leur communauté, à une époque plus ou moins récente, ils pratiquaient le lévirat. C'est-à-dire que quand un homme mourait, sa femme devait rester dans la famille et pouvait épouser le frère de son défunt mari. L'objectif du lévirat était pour la communauté, une manière d'assurer la protection du patrimoine du défunt, et pallier les besoins de la veuve et des orphelins. En somme, il s'agissait de reproduire la continuité d'un foyer équilibré et stable. Par contre quand une femme décédait, c'était plutôt le sororat qui s'appliquait ; la famille de cette dernière donnait une autre épouse au veuf, le plus souvent sa petite sœur.

Aujourd'hui la coutume a bien changé. Après la mort, la coutume veut que l'on fasse *Ovago* ou *Datiz'Ovago* « le conseil de famille » où se prennent toutes les décisions après un décès. De plus les Mpongwè font également mention qu'aujourd'hui ils prennent en compte le testament. À ce sujet, la loi prévoit : « ARTICLE 912.- Sur la réquisition de tout intéressé, le juge procédera à la recherche du testament. S'il est trouvé un testament ou des papiers cachetés, le juge paraphera l'enveloppe et en constatera la forme extérieure du procès-verbal qui est alors signé par les parties. Il fixera le jour et l'heure auxquels il sera procédé à l'ouverture. Si un testament est trouvé ouvert, le juge en constatera l'état et procédera comme il est dit ci-dessus[163] ».

---

[163] C. Apollinaire Ondo-Mvé, *Le Code Gabonais Intégré des procédures civiles*, Multipress, Gabon, 2000, p.144.

En ce qui concerne ce conseil de famille, la loi gabonaise prévoit :

« ARTICLE 893.- Les séances du conseil de famille ne sont pas publiques et les tiers ne peuvent obtenir des expéditions des délibérations qu'avec l'autorisation du président du tribunal.

Les délibérations du conseil de famille sont toujours motivées et toutes les fois qu'elles sont unanimes, l'avis de chacun des membres est mentionné dans le procès-verbal.

ARTICLE 894.- Les délibérations du conseil de famille sont exécutoires par elles-mêmes, hormis le cas de l'article 592 alinéa 2 du Code civil.

Néanmoins, un recours peut être formé contre elles, en toutes matières devant le tribunal de première instance, soit par le tuteur, le subrogé-tuteur et les membres du conseil de famille, soit par le juge des tutelles, lors même qu'ils auraient été d'avis de la délibération.

Le recours doit être formé dans le délai de quinzaine et court du jour de la délibération. Le délai est suspensif à moins que l'exécution provisoire n'ait été ordonnée par le juge des tutelles au bas du procès-verbal.

(L'article 592 alinéa 2 du Code civil dispose que le conseil de tutelle pourra autoriser le partage, même partiel, à l'amiable. En ce cas, il désignera un notaire pour y procéder. L'état liquidatif, auquel sera jointe la délibération du conseil de tutelle, sera soumis à l'homologation du tribunal de grande instance (…).)

ARTICLE 895.- La procédure prévue à l'article 891 est applicable aux recours formés contre les délibérations du conseil de famille.

En accueillant le recours, le tribunal pourra même d'office substituer une décision nouvelle à la délibération du conseil de famille.

ARTICLE 896.- Les recours contre les décisions du juge des tutelles et les délibérations du conseil de famille sont inscrits sur un registre spécial tenu au greffe du tribunal. Y seront mentionnés les noms de l'auteur du recours et la date du recours.

ARTICLE 897.- Lorsque le recours formé contre la décision du juge des tutelles ou une délibération du conseil de famille est rejeté, celui qui l'a formé, autre néanmoins que le juge, pourra être condamné aux dépens et de même à des dommages-intérêts[164] ».

En matière de succession et d'héritage la loi gabonaise prévoit :

« ARTICLE 909.- L'apposition des scellés pourra être requise :

1°- par tous ceux qui prétendent avoir un droit dans la succession ou la communauté.

2°- Par tous les créanciers ayant titre exécutoire ou autorisés par le président de la juridiction de première instance.

3°- En cas d'absence du conjoint, soit des héritiers, soit l'un d'eux, par toute personne parent, ami, ou au service du défunt.

4°- Par le procureur de la République pour la garantie des droits des absents et des incapables.

ARTICLE 910.- L'apposition des scellés est constatée par un procès-verbal dressé par le magistrat qui y procède et qui contiendra :

1°- les date et heure.

---

[164] *Ibid.*, p.142.

2°- Les motifs de l'apposition.

3°- Les noms, profession et demeure du requérant s'il y en a, et son élection de domicile dans la ville où les scellés sont apposés s'il n'y demeure.

4°- La mention de l'ordonnance en vertu de laquelle les scellés sont apposés.

5°- Les comparutions et dires des parties.

6°- La désignation des lieux, bureaux, meubles sur lesquels les scellés sont apposés.

7°- La description sommaire des effets qui ne seront pas mis sous scellés.

8°- La mention de l'établissement d'un gardien[165] ».

Tous les articles de loi qui précèdent montrent comment la loi gabonaise procède en matière de succession. Les membres de la communauté Mpongwè valident certainement les décisions prises par le conseil de famille dont l'autorité est également cautionnée par la loi gabonaise. Pour les Mpongwè aujourd'hui, il leur serait impossible de ne suivre que la règle coutumière en matière de succession. Les membres de la communauté reconnaissent faire aussi recours aux lois aisément dans ce domaine précis. Pour eux, ne se soumettre qu'à la règle coutumière ne les protège pas des sanctions prévues par la loi. Mais ils persistent en disant qu'ils appliquent toujours et obligatoirement les règles coutumières, qui elles ont des sanctions morales qui peuvent souiller l'honneur d'un individu voire même de toute une famille. Ainsi, dans le domaine de la succession, les Mpongwè vont et viennent entre règles coutumières et loi, afin d'être couverts des deux côtés.

---

[165] *Ibid.*, p. 144.

1 - Les règles s'appliquant à la mort

Lors de la mort en général dans la communauté Mpongwè, les deux familles du disparu se réunissent et ils appliquent *Mpoungou y Diouwa*, « les raisons de la mort ». La famille chez qui habitait la personne disparue est questionnée et doit faire le compte rendu des conditions qui ont précédé la mort ainsi que les raisons qui l'ont entraîné. Habituellement ladite famille est jugée responsable de la mort. Aussi après les explications données par cette dernière, il y a un dédommagement symbolique qui est fait à l'autre famille, car pour nos interlocuteurs, « *le noir ne meurt jamais seul* », « *il y a toujours quelqu'un qui est responsable de la mort de quelqu'un* », « *la mort n'est jamais naturelle chez nous* », « *quelqu'un ne meurt pas seul, il y a toujours un responsable, c'est celui qu'on appelle le sorcier* ». Ainsi, la famille jugée responsable reconnaît les faits, accepte d'être à l'origine de la mort. La coutume prévoit qu'elle paie en franc symbolique et quelques présents *Oniémba Niémba* : « tribut du sorcier ». Ces règles coutumières sont générales et s'appliquent à toutes les morts. Aujourd'hui, *Oniémba Niémba* « tribut du sorcier » traduit plus la responsabilité qu'engage la famille chez qui une personne trouve la mort.

2 - La succession

La succession chez les Mpongwè en matière coutumière veut que lorsque l'un des conjoints meurt, ce soit le conjoint restant qui hérite, le cas échéant, les enfants de l'union. Les décisions sur ces questions sont prises lors du conseil de famille.

La succession d'un homme

Chez les Mpongwè en cas de décès aujourd'hui, lorsqu'il s'agit d'un homme considéré comme le chef de famille, la coutume veut que ce soit l'épouse qui prenne les responsabilités s'ils étaient mariés à la coutume. En effet, tous les biens laissés par le défunt mari ainsi que les enfants de leur union restent sous la responsabilité de la veuve. Si par contre, il advient que les enfants de leur union sont déjà majeurs et assez responsables ; ces derniers prennent la gestion et les responsabilités à la place de leur mère. Chez les Mpongwè, « hériter c'est aussi prendre des responsabilités, et pour cela il faut être mature ». René Radembino-Coniquet [166] nous le faisait remarquer appuyé d'un exemple ; « hériter d'une femme, d'une maison, etc. impliquait, dans nos traditions, l'assomption des responsabilités familiales, parce que l'étendue des droits dont jouissait une personne était également proportionnelle à ses devoirs. Nous avons évoqué plus haut le cas de Ntchunguwa lorsqu'il succéda à son frère Ogowè à la chefferie des Adoni de l'île Coniquet : il ne se contenta pas d'hériter de sa veuve Ilassa, mais assuma intégralement ses responsabilités de chef de famille.[167] »

Aussi, la question des responsabilités du défunt est au cœur de la succession. En effet, après la mort d'un homme, le conseil de famille cherche toujours, pour la stabilité et l'équilibre de ceux qui étaient à la charge du défunt, un autre individu susceptible d'assumer ses responsabilités ; droits, devoirs et obligations. La primauté lors de la mort, reste donc le transfert des charges du défunt, pour l'harmonie et l'équilibre de ceux qui sont

---

[166] René Radembino-Coniquet, *L'île du Roi*, Libreville, Raponda Walker, 2009.
[167] *Ibid.*, p. 23.

restés. Par ailleurs, la règle coutumière prévoit que, toutes les dispositions de succession chez les Mpongwè passent par le conseil de famille. C'est ce dernier qui supervise les différents héritiers du défunt et leur héritage. Le conseil de famille se compose des membres de la famille nucléaire du défunt ; quelques membres de sa famille maternelle et paternelle ; et de quelques membres de la famille de la veuve. Suivant les règles de la coutume, le conseil de famille a « le pouvoir de décision ». En effet, par son consensus, il décide, juge capable ou incapable, digne ou indigne les héritiers, la veuve et les orphelins. C'est une règle coutumière qui met en danger la veuve et les orphelins si le conseil de famille ne juge pas en leur faveur. Cette règle coutumière est donc susceptible d'être à l'origine de spoliations ou certains statuts précaires des veuves et des orphelins. A ce propos, un membre de la communauté nous précise que «dans la culture Mpongwè que je connais, ces spoliations sont rarissimes. Si je meurs aujourd'hui, les héritiers ce sont les enfants et leur maman. On ne peut pas les écarter, sinon ils iront faire valoir leurs droits au tribunal. Je ne connais pas, chez les Mpongwè, de succession qui traîne comme certains de nos frères de l'intérieur[168] ». Nous pouvons bien constater par ces dires, l'importance accordée aux lois par les Mpongwè en matière de succession.

D'où la nécessité pour le législateur de trancher sur cette question, afin que par exemple, des hommes de loi puissent assister au conseil de famille, qui se donne le droit au nom de la coutume de déposséder quiconque est jugé démérite ou pas de ses droits d'héritage ou de responsabilité. Soulignons également, et c'est très important, qu'un individu désigné par la loi comme héritier légal, peut changer de statut lors du conseil de

---

[168] *Ibid.*, p. 23.

famille. Nous voyons encore dans ce cas comment, les règles coutumières interviennent et l'emportent sur la loi. Par contre le domaine des successions est différent de celui de la parenté et du mariage où les règles coutumières sont avantageuses pour les individus. Ici elles peuvent avoir un mauvais visage, car elles peuvent léser. Pour certains de nos interlocuteurs, elles peuvent même créer l'abandon de l'héritage ; par peur d'« *attaques mystiques* » d'« *ensorcèlement* » de « *menaces de mort* » et de « *propos malveillants* » venant des parents du défunt ; ou encore par peur d'être « *frappé par la colère des ancêtres, à cause du non-respect de la coutume* ». Les bénéficiaires peuvent donc décider de renoncer à leurs droits de succession.

Cette situation ambiguë peut être mise en évidence par ce qui suit : « il faut noter que le statut de l'héritier familial, contrairement à celui d'héritier légal, dépend de la décision du conseil de famille. Car les enfants naturels ne peuvent être héritiers familiaux que s'ils sont désignés comme tels par le conseil de famille. S'agissant de la preuve de la qualité d'héritier familial, la loi semble silencieuse (…) Pour ce qui est de la saisine des héritiers familiaux, les règles y relatives sont prévues par l'article 706 du code civil. Cet article précise que « c'est la décision du conseil de famille qui vaut envoi en possession des biens attribués aux différents successeurs familiaux ». Ce même conseil de famille fixe la part héréditaire de chaque héritier familial conformément à la coutume du défunt[169] ».

Le constat montre donc que le conseil de famille oublie souvent les dispositions prises par la loi. Il respecte les

---

[169] Huguette Ntsame Obiang, *La condition successorale des enfants naturels à l'égard de leur père au Gabon*, Mémoire de Maîtrise en Droit, Université Omar Bongo, Faculté de Droit et des Sciences Économiques, 2006, pp. 50-51.

coutumes et ne tient pas toujours compte des héritiers légaux reconnus par la loi et désigne une personne, membre de la famille du défunt. Pourtant selon mes interlocuteurs, la coutume prévoit que « *le conseil de famille a pour droit et devoir d'aider moralement, physiquement et financièrement la famille du défunt, afin d'assurer une continuité harmonieuse du foyer, une bonne gérance des biens, et surtout la stabilité pour la famille du défunt* ». Mais en pratique, face à la soif d'argent et à l'avidité de certains, la famille du défunt n'est pas toujours protégée.

Par ailleurs, il peut arriver que les conjoints ne soient pas mariés à la coutume, mais aient vécu un long moment ensemble et ont eu des enfants. Le conseil de famille prévoit dans ce cas, selon la coutume, de donner quelques biens conséquents au conjoint restant. Le reste reviendrait automatiquement aux enfants. Par contre, il est important de noter que dans ces circonstances, en cas de mort la femme n'a aucun droit de décision ; « *elle n'a pas droit au chapitre* » ; « *elle est spectatrice* » ; « *on ne la connaît pas* ». Son sort étant ainsi scellé par le conseil de famille qui statuera suivant les affinités que la famille du défunt avait avec la veuve. Les spoliations des veuves et des orphelins, ainsi que les nombreux conflits qui peuvent jaillir lors de la mort d'un homme, sont souvent les résultantes de relations conflictuelles entretenues auparavant entre la veuve et sa belle-famille ; ou du non-respect des règles coutumières tels le mariage coutumier, la parenté coutumière vis-à-vis des enfants, etc.

La succession d'une femme

En ce qui concerne la succession d'une femme, les règles coutumières prévoient souvent les mêmes conditions que ce qui précède. Les biens laissés par cette dernière reviennent au veuf et aux enfants lorsque cette dernière était mariée dans la coutume. Le conseil de famille garde sa place en tant que juge pour statuer et juger ce qui reste digne d'être appliqué ou pas. Par contre si son union n'était pas légitimée par la coutume, les biens de cette dernière reviennent aux enfants qui sont privilégiés par le conseil de famille. Par ailleurs, lorsque les enfants se retrouvent sans tuteur, et que ces derniers ne sont pas majeurs ou jugés « *pas assez responsables* » par le conseil de famille, ce dernier délègue un membre de la famille pour les encadrer et gérer les biens.

VII - Conclusion

Toute organisation de groupement humain repose sur un code qui peut être soit écrit ou oral. L'histoire de la communauté Mpongwè nous renseigne sur l'évolution et la dynamique des règles coutumières qui la régissent. Les bases théoriques d'anthropologie juridique et les récits de nos interlocuteurs ont permis de comprendre l'origine, la structuration, et l'attachement des Mpongwè aux règles coutumières. À travers cet exposé nous avons pu voir comment une des communautés du au Gabon vacille entre les règles coutumières et les lois de l'État, préférant tantôt un système au détriment de l'autre. En effet, les individus appliquent et s'attachent aux seules règles coutumières et lois qui répondent aux valeurs fondamentales de leurs coutumes, de leurs mœurs et traditions.

Dans les domaines de parenté ; mariage ; et succession, les Mpongwè, comme certainement d'autres communautés accordent plus d'importance aux règles coutumières car celles-ci renferment en elles la culture de leur socialisation. Ainsi, les lois de l'État étant issues d'une culture extérieure, précisément de la culture occidentale, elles s'imposent que très difficilement dans ces trois domaines. C'est une réalité palpable qui s'impose comme réalité sociale concrète que les législateurs doivent considérer. Les situations ambiguës qui résultent de cette réalité sociale sont des canaux de réflexion pour les hommes de lois gabonais. Repenser le réajustement des lois en prenant compte des réalités anthropologiques des acteurs sociaux semble être ici une perspective pour sortir les individus des situations jugées irrégulières soit par la coutume ou par la législation.

En effet, sur le plan coutumier par exemple, la parenté chez les Mpongwè est patrilinéaire, ce qui sous-entend que l'enfant appartient au groupe du père. Cette parenté englobe plusieurs règles à appliquer avant de prendre effet. « Pour conclure, disons qu'il est clair que la parenté ne concerne pas seulement l'établissement de liens d'alliance et de descendance entre les individus et entre les groupes auxquels ils appartiennent. D'autres réalités - matérielles, politiques, religieuses - sont logées à l'intérieur des rapports de parenté et se reproduisent en même temps qu'eux[170] ». Or le Droit gabonais régule la filiation d'une autre manière, d'où la nécessité d'introduire les dimensions de certains aspects coutumiers dans les lois.

L'installation de la filiation dans la communauté Mpongwè impose un ensemble d'obligations et de devoirs aux parents, surtout au père. Il doit faire *Idandouna wana* « la reconnaissance de l'enfant » si celui-ci n'est pas marié à la coutume avec la mère de ce dernier. Pour la loi, l'enfant doit porter le nom de son géniteur. Par contre, la coutume Mpongwè exige le mariage coutumier *Idiomba* sanctionné par la dot pour que cela soit fait automatiquement ou dans le cas contraire que le père de l'enfant fasse *kolina sina* « le payement du nom attribué à l'enfant ». C'est seulement une fois ces règles coutumières respectées que le père a tous les droits vis-à-vis de l'enfant. C'est en général le même but que vise la loi, mais le fait que cette dernière ne mette pas en pratique un certain procédé, comme le veut la coutume ; où les individus, les familles se rencontrent, tissent des liens, installent l'harmonie, la communication et l'échange ; la loi se trouve lésée et n'a pas la même valeur et la même considération aux yeux des acteurs sociaux.

---

[170] Maurice Godelier, *Métamorphoses de la parenté*, Flammarion, 2010, p. 129.

Pour ce qui est de l'alliance, le mariage coutumier est là encore jugé plus important que le mariage civil. Les membres de la communauté ont une préférence pour le mariage coutumier malgré qu'il ne soit pas encore reconnu par la loi gabonaise. Ce mariage représente pour les membres de la communauté « *le vrai mariage* » ; pourquoi ? Parce qu'une fois encore, pour les Mpongwè, il unit les deux familles des conjoints, il est le symbole de l'acceptation unanime de l'union devant les parents, les membres du clan, et les ancêtres. Le mariage coutumier représente le respect de la coutume, et la protection des droits de chacun des conjoints. Mais c'est par contre une procédure qui ne les protège pas devant la loi car celle-ci n'est pas légitimée. La légalisation des unions coutumières peut entraîner de ce fait la régularisation de plusieurs couples mariés seulement à la coutume, et ainsi pallier aux situations conjugales non officielles. Par ailleurs, les Mpongwè reconnaissent également l'importance du mariage civil dans le cadre administratif et l'appliquent pour respecter la loi et être en phase avec les exigences des lois de l'État. Mais quant à sa légitimation par la coutume, si celui-ci n'est pas sanctionné par la cérémonie coutumière, cela reste vain comme l'ont bien étayé nos interlocuteurs dans leurs explications : « *ce sont les parents qui marient leurs enfants, pas le maire* ».

Lors d'un mariage coutumier Mpongwè, les mariés se passant les alliances de leur mariage d'État civil pour le rendre légitime aux yeux de leurs parents.

Des mariés à la coutume Mpongwè brandissant leurs alliances de mariage civil devant leurs parents, stipulant ainsi l'acceptation et la légitimation de leur mariage civil, qui aurait semble-t-il ici précédé le coutumier.

Par contre, en matière de succession, il y a énormément de réflexion à mener sur la question. Dans ce domaine, la coutume ne garantit pas la sécurité des individus surtout celle de la veuve et des orphelins. En effet, le fait que la loi accorde un droit de décision au conseil de famille sans la présence légale d'un homme de loi lors de ce conseil offre la possibilité à certains parents de pouvoir léser les héritiers et la veuve au nom de la coutume. Comprenons ici que les enjeux ne sont pas les mêmes qu'en matière de parenté ou de mariage, qui engagent eux, l'honneur et la moralité des personnes. Dans la succession, il est question de biens, ou d'argent, ce qui éveille chez certains parents le goût du profit qu'ils peuvent tirer de la situation en marginalisant les ayants droit au nom des règles coutumières. Une présence plus investie du législateur lors des conseils de famille serait la bienvenue afin de limiter les abus de certains parents lors des successions et protéger les héritiers. Même si les Mpongwè reconnaissent prendre en compte le testament en matière d'héritage, la coutume pèse pour beaucoup dans les décisions en matière de succession.

Le Droit doit prendre en compte les réalités de vie des individus en considérant les pensées, les manières d'agir, et de concevoir le monde des individus dans la société. Cette ethnographie n'est certes pas un travail complet sur la question des règles coutumières au Gabon, mais elle nous présente les prémisses d'un chemin vers un équilibre dans la juridiction pour la parenté, le mariage et la succession des biens. La situation actuelle des Mpongwè met bien en évidence l'ambiguïté qui s'est installée entre la coutume et le Droit moderne. La communauté se trouve comprise dans un *entre-deux* pour emprunter l'expression à Étienne Le Roy[171]. Ce travail offre l'éclairage sur la nature de la juridiction Mpongwè en particulier, mais laisse également supposer les mêmes réalités juridiques dans d'autres communautés du Gabon.

Sur la question de savoir d'où vient la persistance de l'application des règles coutumières après autant d'années ? Il semblerait, pour le peu qui nous a été donné d'analyser, que le non-respect ou la non-application des règles coutumières engendre ou met en péril l'équilibre et l'harmonie du groupe. L'imaginaire des individus aussi en est pour beaucoup dans la perpétuation de ces règles. Lorsqu'un individu réagit ou se trouve en dehors de la coutume, il risque la marginalisation, l'humiliation, et parfois l'exclusion. Il faut dans cet imaginaire, faire comme les ancêtres ont fait, pour assurer l'harmonie, la cohésion et l'équilibre au sein du groupe. Les coutumes réglementent la vie sociale afin d'harmoniser les relations entre les membres de la communauté tout en s'adaptant autant qu'elles peuvent aux besoins et aux réalités sociales locales.

Par ailleurs, pour un travail de plus longue durée, et pour une perspective plus objective, il serait intéressant de prendre connaissance de l'histoire, des fondements, et de l'évolution de la juridiction gabonaise ; de relever et lister différents aspects de la vie sociale qui posent des problèmes de résolution devant la loi. Cette modeste contribution a bien montré que les deux domaines de législation autant moderne que coutumier sont indispensables, mais que l'un, le coutumier domine sur l'autre dans certains domaines, car les individus se sentent plus attachés à la coutume et à ses fondements culturels.

---

[171] Étienne Le Roy, « Le Laboratoire d'anthropologie Juridique de Paris, hier, aujourd'hui, demain, pp. 151-164 », in *Cahiers d'anthropologie du Droit, H.S.* Paris Karthala, 2004, p. 150.

Annexes

Guides et interprètes

Noms Prénoms	**Guide/Interprète**
Pierre Célestin TAPOYO	Guide /Interprète
Nina BOUTOU	Guide
Oswald MIHINDOU	Guide
Thierry WALKER TEMA	Guide
Augustine RÉBIENOT	Guide
Marie Louise AZIZET	Guide
Romaric NGAMBA MBONGO	Guide

Orientations et conseils

Noms Prénoms	Profession
Dominique ETOUGHE	Enseignant en Droit à l'Université Omar BONGO de Libreville.
Daniel Franck IDIATA	Professeur de Linguistique à l'Université Omar BONGO de Libreville.
Jean Noël GASSITA	Professeur de Pharmacologie de Pharmacognosie et de Pharmacopée africaine.
Jean Claude James	Professeur de Droit à l'Université, Omar BONGO de Libreville.
Anges François RATANGA ATOZ	Professeur d'Histoire à l'Université Omar BONGO de Libreville.

Sources orales

Noms prénoms	Ages	Clans
Cédric Charles ONTCHANGA TCHOUA	44 ans	Adoni
Aloïse Vincent Marie ANTCHOUEY TAPOYO WALKER	62 ans	Aguékasa
Bernadette RÉBIENOT	79 ans	Agoulamba
Jacques IGOHO	64 ans	Agoulamba
Aristide INDASSY BOUANGA	58 ans	Adoni
Améde ISSÈMBÈ	76 ans	Agwékonwa
Salif DIOP	60 ans	Aguessono
René RADEMBINO-CONIQUET	81 ans	Adoni
Pierre Célestin ANTCHOUEY RADEMBINO TAPOYO	76 ans	Adoni
Roland RANAUD	45 ans	Abandja

Histoire et tradition orale Mpongwè énoncées par des membres de la communauté d'après une interview réalisée par le journaliste Richard Moubouyi dans les années 1980 pour l'émission *Gabon une province*.

Noms et Prénoms	**Dates de naissance**	**Clans**
MASSAR KABINDA	1933	
Charles BARO	1909	Aguékasa
Simon PETER	1927	Aguékonwa
Martin SIPAMIO BER	1906	Aguékasa
Pierre ANGUILE WALKER	1929	Aguékasa
Rose IPOUTOU WALKER	1916	Agoulamba
Aristide ISSEMBE TCHANGO	1910	Aguékonwa
Raphael ALAFO	1905	Aguékonwa

Bibliographie

- Agondjo Okawe Pierre Louis, *Structures parentales et développement au Gabon : l'exemple Nkomi*, Thèse soutenue à Paris en 1967.

- Alliot Michel, *Le droit et le service public au miroir de l'anthropologie*, Paris, Karthala, 2003.

- Alliot Michel, « Les résistances traditionnelles au droit moderne dans les états d'Afrique francophones et à Madagascar pp. 235-256 », in, *Études de droit africain et de droit malgache*, Paris, Cujas, 1965.

- Balandier Georges, *Sens et Puissance*, Paris, Quadrige /PUF, 1971, 2004.

- Ciarcia Gaetano (dir.), *Ethnologues et passeurs de mémoires*, Karthala, 2011.

- Copans Jean, *L'enquête et ses méthodes : l'enquête ethnologique de terrain*, Paris, Armand Colin, 2008.

- Cuche Dany, *La notion de culture dans les sciences sociales*, La découverte, Paris, 2010.

- Deliège Robert, *Anthropologie de la famille et de la parenté*, Paris, Armand Colin, 2011.

- Deschamps Hubert, *Quinze ans de Gabon*, Paris, Société française d'histoire d'outre-mer, 1965.

- Dictionnaire, *Le petit Larousse illustré*, 2005.

- Elo Mintsa Justine et Ngbwa Mintsa Grégory, *Protocole du mariage coutumier au Gabon*, Libreville, Polypress, 2003.

- Etoughe Dominique, *Justice indigène et essor de droit coutumier au Gabon*, Paris, L'Harmattan, 2007.

- Fondation des quatre saisons, *Le mariage Coutumier Mpongwè*, Libreville, Les Cahiers Culturels, 2012.

- Godelier Maurice, *Au fondement des sociétés humaines*, Paris, Albin Michel, 2007.

- Godelier Maurice, *Métamorphoses de la parenté*, Flammarion, 2010.

- Gonidec P. F. et Bourgi A., *Le pluralisme juridique en Afrique (L'exemple du droit successoral sénégalais)*, Paris, LGDJ, 1991.

- Idiata Daniel Franck, Ratanga Atoz Anges François et Hombert Jean-Marie, *Atlas des langues et peuples du Gabon*, Libreville, CENAREST, 2012.

- Jhon-Nambo Joseph, « In mémorian Pierre Louis Agondjo Okawe pp. 165-.170» *in Cahiers d'anthropologie du droit H. S.*, Paris, Karthala, p. 167.

- Jouin Michel, *La terminologie de parenté Mpongwè*, Office de recherche scientifique et technique d'outre-mer, 1973.

- Kuyu Camille, *Parenté et famille dans les cultures africaines*, Paris, Karthala, 2005.

- Laburthe-Tolra Philippe et Warnier Jean Pierre, *Ethnologie Anthropologie*, Paris, Quadrige/ PUF, 1993.

- Étienne Le Roy, « L'esprit de la coutume et l'idéologie de la loi. (Contribution à une rupture épistémologique dans la naissance du droit africain à partir d'exemples sénégalais contemporains) », in *La Connaissance du Droit en Afrique*, Bruxelles, ARSOM, 1983.

- Le Roy Étienne, « Le laboratoire d'anthropologie juridique de Paris, hier, aujourd'hui, demain pp151-164 », in *Cahiers d'Anthropologie du droit, H.S.*, Paris Karthala, 2004.

- Le Roy Étienne, *Les Africains et l'institution de la justice : Entre mimétisme et métissage*, Paris, Dalloz, 2004.

- Le Testu Georges, « Les coutumes indigènes de la circonscription de la Nyanga pp. 33-91 », in *Bulletins des recherches congolaises*, n° 11, 1930.

- Lenselaer Alphonse, *Dictionnaire swahili-français*, Paris, Karthala, 1983.

- Lévi-Straus Claude, *Race et histoire*, Folio/Essais, 1987.

- Lévi-Strauss Claude, *Les Structures élémentaires de la parenté*, Berlin, Mouton de Gruyter, 1967, 2002.

- Lucien Lévy-Bruhl, *La mentalité primitive*, Paris, Flammarion, 2010.

- Lucien Lévy-Bruhl, *Sociologie du droit*, Paris, PUF, 1990.

- M. Angoue Pierre Célestin, *Le nom en droit gabonais*, Mémoire de Maîtrise en Droit, Université Omar Bongo, Faculté de Droit et sciences économiques, 2006.

- M'Bokolo Elikia, *Le roi Denis : La première tentative de modernisation du Gabon*, ABC, Paris, 1976.

- M'Bokolo Elikia, « Le Gabon précolonial : étude sociale et économique, pp. 331-344 », in *Cahiers d'études africaines*.

- Malinowski Bronislaw, *Trois essais sur la vie sociale des primitifs*, Paris, Payot, 1933.

- Mayer Raymond, *Histoire de la famille gabonaise*, Libreville, LUTO, 2002.

- Mba Léon, « Essai de droit coutumier Pahouin » in *Société des recherches congolaises*, Brazzaville, 1938.

- Merlet Annie, *Le pays des trois estuaires (1471-1900)*, Centre Culturel Français Saint-Exupéry, Libreville Gabon, 1990.

- Montespan, « Étude sur le mariage dans la circonscription des Adoumas, pp. 46-65. » in *Bulletins des recherches congolaises*, n° 12, Brazzaville 1930.

- Ntsame Obiang Huguette, *La condition successorale des enfants naturels à l'égard de leur père au Gabon*, Mémoire de Maîtrise en Droit, Université Omar Bongo, Faculté de Droit et des sciences économiques, 2006.

- Ondo-Mvé C. Apollinaire, *Le Code Gabonais intégré des procédures civiles*, Libreville, Multipress Gabon, 2000.

- Poirier Jean, *Études de Droit africain et de droit Malgache*, Paris, Cujas, 1965.

- Radembino-Coniquet René, *L'île du Roi*, Libreville, Raponda Walker, 2009.

- Raponda Walker André, *Dictionnaire français-omyènè, omyènè-français*, Libreville, Raponda Walker, 2012.

- Raponda Walker André, *Les langues du Gabon*, Libreville, Raponda Walker 1998.

- Raponda Walker André, *Notes d'Histoire du Gabon*, Libreville, Raponda Walker, 2008.

- Raponda Walker André, *Rites et croyances des peuples du Gabon*, Libreville, Raponda Walker, 2011.

- Ratanga Atoz Anges François, *Les Peuples du Gabon occidental*, Libreville, Raponda Walker 2009.

- Rouland Norbert, *Aux confins du droit*, Paris, Odile Jacob, 1991.

- Rouland Norbert, *L'anthropologie juridique*, Paris, PUF, 1990.

- Rousseau, *Du contrat Social*, Paris, Flammarion, 2012.

- Université de Paris, *Dictionnaire Français-Swahili*, Paris, Institut d'ethnologie, 1959.

GABON

AUX ÉDITIONS L'HARMATTAN

Dernières parutions

CONTROVERSE ET SIGNIFICATION
Mélanges offerts à Fortunat Obiang Essono
Sous la direction de Noël Bertand Boundzanga
et Achille-Fortuné Manfoumbi-Mvé
C'est avec Fortunat Obiang Essono que la critique littéraire, comme genre à part entière, fut intégrée dans les contenus pédagogiques à l'Université Omar Bongo (Gabon) à la fin des années 1980. Jusqu'à sa mort en 2012, ses positions littéraires et intellectuelles n'ont pas manqué d'alimenter la controverse : Fortunat Obiang Essono aimait la confrontation des idées, l'exigence morale et intellectuelle dans les débats publics. C'est cette posture qu'exhume le présent ouvrage.
(Coll. Culture Africaine, 28.00 euros, 306 p.)
ISBN : 978-2-343-05802-3, ISBN EBOOK : 978-2-336-37390-4

LES ÉLECTIONS POLITIQUES AU GABON DE 1990 À 2011
Matsiegui Mboula Fortuné
Comment comprendre les élections politiques au Gabon ? Dans quel contexte sociopolitique prennent-elles corps ? Quels intérêts et enjeux visent les acteurs en compétition ? Quels sont les mobiles qui motivent les électeurs gabonais ? Peut-on parler du phénomène de la corruption électoral au Gabon ? Les électeurs s'abstiennent-ils de façon significative ? Ce questionnement définit l'angle d'attaque à partir duquel se décline et peut se saisir le phénomène électoral au Gabon.
(Coll. Études africaines, 17.00 euros, 172 p.)
ISBN : 978-2-343-04744-7, ISBN EBOOK : 978-2-336-37235-8

LA CONSTRUCTION DE L'ÉTAT AU GABON (1957-2009)
Mbah Jean-Ferdinand - Préface de Jean Copans
Dans cet ouvrage, l'auteur analyse la construction de l'État au Gabon, avec pour concept central l'État bonapartiste. En effet, ce point de vue montre qu'au Gabon l'État n'a jamais été démocratique, mais despotique et policier, fonctionnant à la répression avec un seul pouvoir, le Gouvernement, avec un seul corps consultatif, le Parlement. L'hypothèse du bonapartisme concerne les deux régimes de Léon Mba et d'Omar Bongo, caractérisés par l'attachement à un homme et à un régime.
(Coll. Études africaines, 31.00 euros, 300 p.)
ISBN : 978-2-343-04176-6, ISBN EBOOK : 978-2-336-37134-4

LA LOGISTIQUE PORTUAIRE EN AFRIQUE
Le cas du Gabon
Makiela-Magambou Gisèle
Les ports maritimes gabonais d'Owendo et Port-Gentil ne semblent pas assurer correctement leur fonction de transit. Comment optimiser la logistique des ports au Gabon malgré les entraves conjoncturelles, politiques, structurelles, techniques et sociales ? De quelle manière développer un système d'information et un réseau de communications portuaires qui permet d'améliorer la fluidité des échanges et la continuité des flux, tout en accentuant la sécurité ?
(Coll. Études africaines, 59.00 euros, 620 p.)
ISBN : 978-2-336-30316-1, ISBN EBOOK : 978-2-336-36982-2

CONTENTIEUX (LE) ÉLECTORAL AU GABON
Nkea Ndzigue Francis
Le contentieux électoral est l'ensemble des litiges nés des protestations qui sont dirigées contre toutes les modalités d'organisation d'une élection. Cette étude porte uniquement sur le contentieux de la candidature et de celui des opérations électorales, d'autant que ce sont ces contentieux qui sont portés devant la Cour constitutionnelle, le contentieux des listes électorales relevant des juridictions administratives.
(Coll. Études africaines, série Droit, 12.00 euros, 98 p.)
ISBN : 978-2-343-04857-4, ISBN EBOOK : 978-2-336-36660-9

REGARD CRITIQUE SUR LA MÉDECINE TRADITIONNELLE AU GABON
Mvone Ndong Simon-Pierre E.
Cet essai identifie et analyse ce que la médecine traditionnelle utilise pour parvenir à la résolution des problématiques de l'existence des individus. Le praticien traditionnel de la médecine s'occupe des questions qui concernent la maladie en rapport avec le mystique et le spirituel. Il utilise : initiations, avec prise de plantes psychédéliques (iboga), voyages mystiques, chants mystiques et invocations divines ; et aussi des instruments de musique traditionnelle, ainsi que des boissons alcoolisées, tabacs, plantes médicinales, toute chose qui relève et évoque l'imaginaire.
(Coll. Études africaines, 33.00 euros, 328 p.)
ISBN : 978-2-343-05293-9, ISBN EBOOK : 978-2-336-36574-9

CONSEILLER (LE) D'ORIENTATION PSYCHOLOGUE AU GABON
Sous la coordination de Samba Boureima Guindo,
Mouity Germain Koumba, De Mongaryas Romaric Franck Quentin
Quel statut a le conseiller d'orientation psychologue (CO-P) dans le dispositif d'encadrement, d'orientation et de conseil du système éducatif gabonais ? Quelles activités concrètes mène-t-il sur le terrain ? Quelles perceptions en a-t-on dans le milieu scolaire et dans la société en général ? Voici des questions approfondies lors de la journée de réflexion organisée à l'ENS de Libreville.
(19.00 euros, 200 p.)
ISBN : 978-2-343-03954-1, ISBN EBOOK : 978-2-336-36030-0

GABON (LE), ENTRE DÉMOCRATIE ET RÉGIME AUTORITAIRE
Tinasti Khalid
Ce livre revient sur l'histoire politique et la construction institutionnelle de l'État gabonais, indispensables pour l'analyse des facteurs contribuant à la non-démocratisation du pays. Il revient sur l'émergence du modèle de régime autoritaire compétitif du Gabon, en analysant les pressions internationales de démocratisation sur le Gabon, sa capacité de résistance à ces dernières et surtout la capacité organisationnelle interne au pouvoir.
(Coll. Études africaines, 32.00 euros, 310 p.)
ISBN : 978-2-343-03792-9, ISBN EBOOK : 978-2-336-35603-7

UNE AUTRE VISION DU GABON
Prémices pour la démocratie
Kombila-Koumba Pierre-André
Cet essai politique dénonce la prise en otage du Gabon et de son peuple par un groupement politique qui s'est arrogé tous les droits. L'auteur questionne la légitimité du système de gouvernement en place et l'avenir de ce pays. C'est un état des lieux sans concession d'un pays où l'« à quoi bon-isme » et la démission générale menacent dangereusement l'évolution de la société.
(13.50 euros, 114 p.)
ISBN : 978-2-343-02840-8, ISBN EBOOK : 978-2-336-35283-1

LANGAGE ET IDENTITÉ CHEZ LES NDAMBOMO DU GABON
Medjo Mvé Pither
L'auteur situe les implantations actuelles des Ndambomo du Gabon avant de s'intéresser à la question de leur identité, examinée sous trois angles : l'identité culturelle, l'identité historique et l'identité linguistique. Une esquisse de la grammaire ndambomo est proposée (phonologie, morphologie, syntaxe) ainsi qu'un lexique ndambomo-français-anglais de près de 1200 mots.
(Coll. Etudes africaines, 32.00 euros, 310 p.)
ISBN : 978-2-343-00682-6, ISBN EBOOK : 978-2-296-53752-1

SUR LA PISTE DES FANG
Racines, us et coutumes
Ndhong Mba Casimir Alain
Cet ouvrage se veut une transcription des récits enregistrés sur le passé le plus lointain des ancêtres des Fang, notamment des Ntoumou et des Ndomo du Gabon. Ce récit plonge le lecteur dans les racines, les us et les coutumes des Fang d'antan et lui donne un aperçu de la vie des villages du Gabon d'aujourd'hui.
(Coll. Études africaines, 17.00 euros, 168 p.)
ISBN : 978-2-336-00575-1, ISBN EBOOK : 978-2-296-51099-9

UN PROJET DE BARRAGE HYDROÉLECTRIQUE AU GABON
L'affaire Kongou
Kialo Paulin, Ekozowaka Nguemassa Flora
La centrale hydroélectrique de Kongou était destinée à alimenter en électricité une usine chinoise dans le cadre de l'exploitation du minerai de fer de Bélinga. Autour de ce projet se retrouvaient plusieurs acteurs : l'État, les opérateurs

économiques chinois et nationaux, les ONG et les populations locales. Ce livre analyse les motivations de ces différents acteurs et vise à comprendre les intérêts que chaque acteur social attache à ce milieu.
(Coll. Études africaines, 13.50 euros, 124 p.)
ISBN : 978-2-336-00880-6, ISBN EBOOK : 978-2-296-53653-1

QUELLE RECHERCHE SCIENTIFIQUE EN AFRIQUE ?
Le cas du Gabon
Idiata Daniel Franck
Au moment où les nouveaux dirigeants affirment leur engagement à s'approprier véritablement les outils de développement, ce livre montre que les mêmes causes produisent les mêmes effets ; aucun pays africain engagé dans ce processus ne peut prétendre accéder au rang des pays émergents ou développés en faisant abstraction de la science et de l'innovation technologique. Il propose donc, en se fondant sur le cas du Gabon, des outils de mise en œuvre d'une politique scientifique et technologique novatrice et efficiente.
(Coll. Études africaines, 31.00 euros, 294 p.)
ISBN : 978-2-343-03896-4, ISBN EBOOK : 978-2-336-35656-3

PROVERBES (LES) DE LA FORÊT CHEZ LES POVÉ DU GABON
Kialo Paulin
Pourquoi avoir choisi les proverbes de la forêt ? Sur 1000 proverbes de la société pové collectés, plus de 600 mettent en scène l'écosystème forestier. Pourquoi cette forte présence de la forêt dans les proverbes ? Un ancien a expliqué : «Dans la forêt, il y a aussi des Kialo et des Ndombi, des gentils et des méchants. La forêt est un autre village. Elle peut nous dire comment se porte le village». C'est en établissant ces équivalences que le proverbe de la forêt trouve toute son épaisseur.
(Coll. Études africaines, 13.00 euros, 116 p.)
ISBN : 978-2-336-00369-6, ISBN EBOOK : 978-2-296-53426-1

ENFANT (L') RÉFUGIÉ EN AFRIQUE
Son droit à l'éducation au Gabon
Mpayimana Philippe
La condition de réfugié est un obstacle à l'exercice du droit à l'éducation des enfants, droit fondamental. Au Gabon, plusieurs facteurs concourent à faire obstacle à son application. La résolution de ce cas nécessite l'intervention et la collaboration des différents acteurs : l'école, le HCR, les populations locales et le pays d'accueil afin que l'enfant retrouve son équilibre physique et psychique.
(Coll. Enfance éducation et société, 18.00 euros, 190 p.)
ISBN : 978-2-336-29112-3, ISBN EBOOK : 978-2-296-53215-1

L'HARMATTAN ITALIA
Via Degli Artisti 15; 10124 Torino
harmattan.italia@gmail.com

L'HARMATTAN HONGRIE
Könyvesbolt ; Kossuth L. u. 14-16
1053 Budapest

L'HARMATTAN KINSHASA
185, avenue Nyangwe
Commune de Lingwala
Kinshasa, R.D. Congo
(00243) 998697603 ou (00243) 999229662

L'HARMATTAN CONGO
67, av. E. P. Lumumba
Bât. – Congo Pharmacie (Bib. Nat.)
BP2874 Brazzaville
harmattan.congo@yahoo.fr

L'HARMATTAN GUINÉE
Almamya Rue KA 028, en face
du restaurant Le Cèdre
OKB agency BP 3470 Conakry
(00224) 657 20 85 08 / 664 28 91 96
harmattanguinee@yahoo.fr

L'HARMATTAN MALI
Rue 73, Porte 536, Niamakoro,
Cité Unicef, Bamako
Tél. 00 (223) 20205724 / +(223) 76378082
poudiougopaul@yahoo.fr
pp.harmattan@gmail.com

L'HARMATTAN CAMEROUN
BP 11486
Face à la SNI, immeuble Don Bosco
Yaoundé
(00237) 99 76 61 66
harmattancam@yahoo.fr

L'HARMATTAN CÔTE D'IVOIRE
Résidence Karl / cité des arts
Abidjan-Cocody 03 BP 1588 Abidjan 03
(00225) 05 77 87 31
etien_nda@yahoo.fr

L'HARMATTAN BURKINA
Penou Achille Some
Ouagadougou
(+226) 70 26 88 27

L'HARMATTAN SÉNÉGAL
10 VDN en face Mermoz, après le pont de Fann
BP 45034 Dakar Fann
33 825 98 58 / 33 860 9858
senharmattan@gmail.com / senlibraire@gmail.com
www.harmattansenegal.com

L'HARMATTAN BÉNIN
ISOR-BENIN
01 BP 359 COTONOU-RP
Quartier Gbèdjromèdé,
Rue Agbélenco, Lot 1247 I
Tél : 00 229 21 32 53 79
christian_dablaka123@yahoo.fr

Achevé d'imprimer par Corlet Numérique - 14110 Condé-sur-Noireau
N° d'Imprimeur : 126146 - Dépôt légal : février 2016 - *Imprimé en France*